나는 당신이 스트레스 없이
살았으면 좋겠습니다

# 나는 당신이 스트레스 없이 살았으면 좋겠습니다

**초 판 1쇄** 2021년 07월 29일

**지은이** 안드레
**펴낸이** 류종렬

**펴낸곳** 미다스북스
**총괄실장** 명상완
**책임편집** 이다경
**책임진행** 김가영, 신은서, 임종익

**등록** 2001년 3월 21일 제2001-000040호
**주소** 서울시 마포구 양화로 133 서교타워 711호
**전화** 02) 322-7802~3
**팩스** 02) 6007-1845
**블로그** http://blog.naver.com/midasbooks
**전자주소** midasbooks@hanmail.net
**페이스북** https://www.facebook.com/midasbooks425

© 안드레, 미다스북스 2021, *Printed in Korea.*

**ISBN** 978-89-6637-945-3 03190

**값 15,000원**

미다스북스는 다음세대에게 필요한 지혜와 교양을 생각합니다.

# 나는 당신이 스트레스 없이 살았으면 좋겠습니다

불안, 초조, 부정으로부터 나를 지키는 관점 전환법

**안드레** 지음

미다스북스

많은 사람이 스트레스 때문에 고민이 많다. 나는 그중에서 직장인의 스트레스에 초점을 맞췄다. 내가 직장생활을 하면서 겪은 어려움과 해결 방법을 함께 나누고 싶었기 때문이다.

직장인 스트레스의 가장 큰 원인은 인간관계라고 한다. 하지만 어떻게 해야 문제가 해결되는 것인지 도무지 갈피를 못 잡을 때도 있다. 답은 아주 간단하다. 직장을 다니지 말아야 한다. 직장인은 스트레스에서 벗어날 수 없다. 완벽한 피라미드 구조의 감옥에서 정상적인 관계를 바란다면 그것이야말로 비정상적인 생각이다. 그렇다면 어떻게 이 스트레스에서 벗어날 수 있을까? 내가 스트레스에 벗어나기 위해 노력했던 여정을 이 책에 담았다. 결국 내가 성공하게 되면 저절로 이 문제는 해결이 된다는 확신이 생겼다. 사회에서는 자본이 있어야 자유로워질 수 있기 때문이다.

회사를 갑작스럽게 그만두게 되었을 때는 절망적이었다. 그 상황을 이겨내려고 정신과 약까지 먹어보았지만 소용이 없었다. 나는 결국 나만의 상상과 자기암시를 통해 이겨낼 수 있었다. 이런 극복 경험이 계기가 되어 이제는 매사에 거리낄 것이 없어졌다. 진정으로 나의 스트레스를 없애보겠다고 다짐했다. 그 첫 실천은 유튜브 편집 기술을 습득하는 것이었다. 영상 편집을 배우고자 한 이유는 미래가 여기에 있다고 확신했기 때문이다. 결국 혼자 노는 세상이 도래한 것이다. 동영상 플랫폼 서비스가 현실의 친구나 모임보다 편한 시대가 왔다. 더구나 코로나로 인해 대중화가 가속화되었다.

나는 이전과 다른 인생을 살기로 마음을 먹었기 때문에 유튜브를 어떻게 내 삶에 활용할 것인지도 곰곰이 생각했다. 내가 내린 결론은 부자들을 직접 만나야 한다는 것이었다. 그렇게 해서 선택한 것이 빌딩중개였다. 결국 노력과 운이 겹쳐 짧은 시간에 대형 빌딩을 계약할 수 있었다.

덕분에 내가 전혀 알지 못했던 세상을 알게 되었다. 하루 10만 원씩 버는 것으로 만족한 삶을 사는 사람은 절대 행복해질 수 없다는 사실도 알았다. 부자가 왜 부자가 되는지도 다가왔다.

결국 많은 깨우침은 직장을 그만두고 나서야 알게 되었다.

직장을 그만두고 내 미래에 관한 연구를 끊임없이 하면서 준비도 없고 정체된 삶을 살아가는 사람이 매우 많다는 사실을 깨달았다. 이것은 안타깝다. 하지만 우리에게는 곧 기회가 다가올 것이다. 이 책에 20대 초반부터 30대 중반까지의 내 인생 이야기를 담았다. 내가 처한 어려움과 그것을 이겨내는 과정을 솔직하게 담았다. 이 책으로 인해서 당신의 스트레스가 조금이나마 없어지길 기원한다.


당신이 행복해지기 바라며
2021년 7월 깊은 밤


저자 씀

# 목차

# 1장 사소한 스트레스가 하루를 망친다

## 2장 감정을 내 편으로 만들면 행복해진다

## 3장 내 감정까지 망치는 사람과 결별하라

# 1장

# 사소한 스트레스가
# 하루를 망친다

# - 1 -

# 사소한 스트레스가
# 하루를 망친다

사소한 스트레스가 하루를 망칠까? 나는 그렇다고 생각한다. 우리는 직장에 출근하기 위해 아침에 눈을 뜰 때부터 스트레스를 받는다. 경쟁이 치열한 세상에서 살다 보면 피로가 누적되기 일쑤이다. 내가 직장생활을 할 때 겪었던 일이다. 탈의실에서 근무복으로 갈아입고 나왔는데 직장 상사가 나에게 말했다. '너 탈의실 옷장에 옷이 삐져나와 있더라.' 처음에는 '아 그렇구나.' 하고 대수롭지 않게 넘겼다. 하지만 문득 기분이 좋지 않았다. '그래서 뭐 어쩌란 말인가, 그냥 그럴 수도 있는 것 아닌가.' 라는 생각이 머리에 맴돌았다. 나는 시설 엔지니어 일을 하고 있었다. 그래서 한 번의 실수가 생산에 차질을 줄 수도 있기 때문에 항상 긴장하면서 일을 해야 하는 상황이었다. 그 말을 들은 뒤로 일을 하는데 집중이 되질 않았다. 내가 예민하게 받아들이는 건지, 사물함을 지적하는 상사가 예민한 건지, 도무지 알 길이 없었다. 이것이 직장 내 부조리인 건가? 잠깐 악몽 같은 군대 시절이 떠올랐다. 그러자 나도 반항심이 생기게 되었다. 옷을 다시 넣을 건지 말 건지 고민됐다. 나의 선택에 따라서 나는 반항아가 되기도 하고 말 잘 듣는 부하 직원이 되기도 한다. 자존심이 먼저인지, 회사생활이 먼저인지…….

나는 내 현실을 받아들이기로 했다. 나는 조용히 탈의실로 들어가서 옷을 정리하기 시작했다. 괜스레 우울해졌다. 이 회사에 들어오기 위해서 정말 자존심 다 버리고 굽실거리면서 했던 인턴 생활이 스쳐지나갔다. 내가 다니는 회사는 인턴을 잘 떨어트리기로 유명한 회사였다. 그래서 갖은 수모도 참아가면서 최선을 다하지 않으면 회사에 입사하기 어렵다는 비아냥을 들었던 일까지 생각났다. 갑자기 눈에 눈물이 고였다. 인생이 뭐 이럴까 싶었다. 나도 어른이고 어린아이처럼 정리하란 말을 들을 나이는 아니라고 생각했다. 난 지방 출신이다. 그래서 꿈을 안고 수도권으로 입성했다는 기쁨도 컸다. 무엇보다 좋지 않은 집안 형편을 극복하고 나름대로 인지도 있는 회사에 취직했다. 다행스러움과 자랑스러움이 동시에 묻어나는 눈빛을 보내셨던 어머니의 모습도 떠올랐다. 눈물을 간신히 참고 다시 근무를 해야 했다.

아침부터 날씨가 흐렸다. 왜 꼭 날씨가 흐린 날에 우산을 안 챙기는지 모르겠다. 차를 타고 퇴근하는 길에 이내 빗방울이 한 방울 두 방울 떨어지더니 비가 쏟아지기 시작했다. 그래도 많이 젖지 않아 다행이라는 생각을 하며 차에 탔다. 와이퍼를 작동시키는데 방수 워셔액이 다 떨어졌던 것이 생각났다. 차량 와이퍼를 작동해도 앞이 잘 안 보였다. 이대로 무사히 갈 수 있을지 걱정이었다. 억수같이 쏟아지는 비를 뚫고 퇴근을 해야 했다. 마음이 불안했다. 회사 내부에 차량이 많아서 건물을 빠져나가는 출구에서부터 길이 많이 막힌다. 순서를 기다리며 차량들 사이로 비가 내리는 모습을 바라봤다. 비가 오는 것이 왠지 슬픈 날이었다. 직장 상사의 말이 머릿속에 맴돌아서 기분이 또 좋지 않았다. 간신히 잘 보이지 않는 퇴근길을 빠져나와 무사히 집에 도착했다. 주차하고 집으로 뛸 수밖에 없는 상황이었다. 집으로 뛰는 순간 아주 안 좋은 느낌이 발끝에 전해졌다. 신발이 다 젖은 것이다. '짜증난다.' 이 말이 절로 나왔다. 집에 들어가니 출산 휴가 중인 아내가 나를 반겼다. 아내는 비를 다 맞았냐고 걱정하며 나를 안아줬다. 사랑스러운 아들을 보며 나는 오늘 일을 잊을 수밖에 없었다. 옷을 갈아입고 샤워를 하면서 괜히 눈물이 났다.

기분 전환을 하고 싶은 날이었다. 나는 공원 산책을 좋아한다. 집 앞에 있는 좋은 공원은 내가 사는 곳을 아주 만족스럽게 만들어줬다. 안 좋은 기분을 털어버리고 싶었다. 인터넷을 확인해보니 저녁에 비가 멈춘다는 기사가 보였다. 창밖을 보니 비가 그쳤다. 나는 의도적으로 기분 전환을 하겠다는 다짐을 하고 길을 나섰다. 비가 그치니 공원에 사람들이 생각보다 많이 나와 있었다. 반려견과 함께 사는 사람들은 내 생각을 어떻게 받아들일지 모르겠지만 나는 개를 별로 좋아하지 않는다. 사실 두렵다. 나는 덩치가 큰 편이다. 그래서 내가 뛰면 개들이 빠르게 반응을 보인다. 공원의 좁은 길을 지날 때면 나를 향해 짖는 개들을 피해다녀야 했기에 스트레스를 받았다. 나는 한동안 걷기만 하고 있었다. 그런데 문득 오늘은 기분 전환을 위해서 뛰고 싶다는 생각이 들었다.

최대한 애완견이 없는 곳으로 루트를 짜보았다. 조금 어둡긴 해도 낮은 경사가 있는 언덕 쪽으로 돌면 되겠다는 생각으로 달리기를 시작했다. 그런데 언덕 초입에서 갑자기 내 왼쪽 다리가 구덩이에 빠지면서 다리를 크게 접질렸다. 사람들이 와서 나를 부축해줬다. 통증이 밀려왔다. 사실 창피한 것이 먼저긴 했지만 부러지지만 않았으면 다행이겠다고 생각을 했다. 다리는 퉁퉁 부어올랐다. 택시를 잡기에는 모호한 거리였고 걸을 수는 있을 것 같아 집까지 절뚝거리며 걸어갔다. 내 다리를 보고 놀란 아내의 얼굴을 잊을 수 없다. 산책하러 나간 사람이 갑자기 다리가 부어 온 것이다. 지금 생각해보면 아내에게 무척 미안하다.

다음 날 난 병원에 가서 진찰을 받았다. 의사의 당시 소견은 이랬다.

'붙을 수도 있고 떨어질 수도 있습니다.' 모호한 말이었다. 최대한 안정을 취하고 수술은 최대한 피하자는 의사 선생님의 말씀을 따랐다. 나는 직장 상사에게 의사의 소견을 전달했다. 사실 난 병가를 내고 싶었다. 그러나 직장 상사의 얼굴에는 '조심히 걷고 수술 없이 인대를 복구시켜라.'라고 쓰여 있었다.

난 현실을 받아들였다. 그냥 그렇게 상사에게 복종할 수밖에 없었고 애매한 상태로 두 달을 버티다 결국 수술을 했다. 나는 두 달 동안 인대가 끊어진 상태로 버틴 나의 정신력에 경의를 표한다. 그리고 이 일은 직장생활을 하면서 내가 진정한 성공을 해야겠다고 다짐한 첫 번째 계기가 된다.

내가 나의 이런 사례를 통해 말하고 싶은 것은 아주 사소한 스트레스가 하루를 망칠 수도 있다는 것이다. 바로 상사의 '옷이 옷장에서 나와 있다.'라는 아주 사소한 말 한마디였다. 나는 병원에 누워 있으면서 그런 말에 눈물까지 흘렸던 나약한 나 자신을 질책했다. 다리는 수술이 잘 되었다. 하지만 그 이후가 문제였다. 입원 기간 동안 내 일을 대신한 동료와 후배들에게 미안했다. 회사에 복귀한 후에 직장 상사 특유의 부정적인 표정을 보는 것이 싫었다.

나는 호기심이 생겼다. 이런 사소한 스트레스는 어떻게 처리를 해야 할까? 혹시 피할 수는 없는 것일까? 나의 반응이 문제인 건지. 알 수 없는 문제에 해결책을 제시하고 싶었다.

스트레스가 만병의 근원이라는 것은 누구나 다 아는 사실이다. 불안감과 정신병까지 유발한다. 다쳤던 그날, 만약 내가 스트레스에 반응하지 않았다면 공원에 안 나갔을 확률이 높았다. 나갔어도 뛰고 싶지는 않았을 것이다. 스트레스에 의한 작은 반응이 도미노처럼 연결되어 나를 수술대 위에까지 눕힌 것이다. 그 연결고리를 끊을 방법을 알고 있었다면 나비 날갯짓처럼 사소했던 스트레스가 다리 부상이라는 토네이도가 되는 나비효과는 일어나지 않았을 것이다. 이것이 사소한 스트레스를 빠르게 해결해야 할 아주 중요한 이유라고 생각한다.

사소한 스트레스는 말 그대로 사소하기 때문에 사소한 문제라고 생각하면 굉장히 쉽게 해결할 수 있다. 명상을 할 수도 있고, 음악 감상을 할 수도 있다. 우리가 아무런 해결 방안 없이 불평만 하고 있다면 스트레스의 먹잇감으로 계속 살아가는 수밖에 없을 것이다. 내가 직장 상사의 '옷이 나왔다'는 말에 유머로 대처를 해서 잘 넘어갔다면, 반려견을 편견 없이 바라보는 시각만 있었다면 하루는 망가지지 않았을 것이다. 하지만 나는 그렇게 완벽하지 않은 사람이다. 사소한 스트레스가 우리에게 안 좋은 영향을 줄 수 있는 환경은 너무나 많다. 그것이 미디어일 수도 있고, 지나가다 맡은 안 좋은 냄새일 수도 있고, 나처럼 타인의 의미 없는 말 한마디일 수도 있다. 여러 가지 상황을 모두 예측할 수 있다면 좋겠지만 현실은 그렇지 못한 게 사실이다. 스트레스가 너무 익숙해져 무뎌진 상태였는지도 모른다. 사람마다 환경도 다르고, 반응도 다르지만 중요한 것은 스트레스를 이기는 훈련이 필요하다는 것이다. 이 훈련을 꾸준히 한다면 새로운 현실을 살게 되고 다른 사람으로 태어나는 기분이 들 것이다.

스트레스가 없는 세상? 스트레스가 없다면 그곳이 바로 천국이다. 나는 그렇게 생각한다. 그런 곳이라면 우리가 가졌던 꿈이나 목적이 아무 문제없이 이루어질 것이고, 상상하던 것이 현실로 창조될 수 있을 것이다. 내 나름대로 시도했던 스트레스 이겨내는 방법을 다양하게 정리해보았다. 부디 내가 스트레스를 이겨냈던 방법이 여러분 인생에 조금이나마 도움이 되었으면 하는 바람이다.

# - ㄹ -

# 스트레스가 오는
# 이유는 무엇일까?

스트레스가 오는 이유는 무엇일까? 나의 군 생활 이야기로 이 질문에 대한 대답을 할 수 있다. 306 보충대에서 가족과 연인이 흘리는 이별의 눈물로 한바탕 소란이 있고 난 뒤에 강당에 모여 군 생활에 필요한 각종 물품을 보급받는다. 그 순간에 비로소 군대에 왔다는 것을 실감한다. 보충대에서 마지막 날이었다. 나에게 운명의 시간이 다가왔다. 보충대에 입소한 훈련병 부모님 중 한 분을 대표로 초청해서 컴퓨터로 부대 배치 추첨을 했다. 이미 훈련병들 사이에서 소문이 돌아 어느 부대가 좋고 나쁜지는 다들 알고 있었다. 결정의 순간! 내 이름과 부대 이름이 보였다. 아뿔싸! 최전방 부대였다. 사실 발표 당시에는 무감각했다. 자신만만

하기도 했었다. 나름 알아주는 부대라서 좋을 것 같다는 생각도 했다. 난 이때까지만 해도 애국심이 많았던 청년이었음을 자부한다.

하지만 그 마음은 자대 배치 후 오래가지 못했다. 나는 이제 나와 동고 동락할 동기들과 함께 신병교육대에 도착했다. 그 순간 조교들이 집합을 시켰다. 엄청난 통제가 가해진 것이다. 조교가 큰 소리로 말을 했다.

"엎드려! 팔 굽혀 펴기 10회 실시!"
"일어서! 엎드려! 10회 실시!"

무한 반복이었다. 나중에 알고 보니 그 당시 군 얼차려 지침에 따라서 팔 굽혀 펴기는 연속 10회를 초과하면 안 됐다. 그 말은 10회 하고 잔소리 듣고 다시 10회를 하는 것은 가능하다는 이야기다. 정말 대단한 지침이라고 생각했다. 벌써 탈영하고 싶다는 목소리가 어디선가 들리는 것 같았다. 나 역시 마찬가지였다. 교육을 받으면서 조교들이 항상 하는 말이 있었다. '지금이 행복할 때다. 자대 배치를 받으면 지금이 그리울 것이다.'

그 말은 보충대 조교도 하는 말이었다. 자대 배치를 받지 않으니 우리는 그 말을 실감하지 못했다. 하지만 자대 배치를 받자마자 나는 그 말이 진실임을 뼈저리게 느끼게 되었다.

나는 GOP 소대로 배치를 받았다. 배치를 받자마자 처음으로 내가 속한 소대의 A일병을 보았다. 나는 빠르게 경례를 했다. 그런데 바로 육두문자가 들려왔다. 정말 탈영하고 싶은 순간이었다. 내가 잘못한 것은 없었다. 나중에 사정을 알고 보니 B병장이 머리를 깎으라고 시켜 이발 마무리 후 단단히 화가 난 상태로 나를 본 것이었다. 그저 내가 화풀이 대상이 된 것이다. 그 추운 겨울날 담배를 피우는 일병 앞에 서 있던 순간을 잊을 수가 없다.

나보다 2주 먼저 들어온 같은 10월 군번 동기가 있었다. C이병이었다. C이병은 한눈에 봐도 주눅이 많이 들어 있었다. 착한 성격이 그대로 드러나는 얼굴이었다. 나에게 조심스럽게 물었다. '너 혹시 코 많이 골아?' 나는 아니라고 대답했다. 코골이 때문에 엄청나게 혼이 많이 난다는 C이병의 고민을 나는 진지하게 듣지 않았다. 내가 남 걱정해줄 때가 아니었기 때문이다. 그날 밤이었다. 내가 속한 내무반은 8명이 2층 침대를 사용하는 구조였다. 잠이 오지 않을 것 같았지만 이내 잠이 들었다. 하지만 잠시 후 나는 바로 깨고 말았다. 무언가 흔들리는 소리에 눈이 떠졌다. 믿을 수 없는 광경이 펼쳐졌다. 우리 소대 최고의 악마 D상병이 C일병을 마구 발로 밟고 있었다. 코를 곤다는 이유 때문이었다. 내가 할 수 있는 것은 없었다. 나도 이제 막 들어왔다. 매를 맞고 있는 C이병과 다를 것 없는 처지였다. 만약 내가 코를 골았으면 밟히고 있는 것은 나였을 것이다. 어두운 밤이었지만 억지로 눈물을 참고 있는 C이병이 느껴졌다. 하지만 나는 도울 수 없는 처지였다. 긴장한 탓인지 그런 상황에서도 잠이 들어버렸다. 다음날 아무 일도 없었다는 듯이 일상이 시작되었다. 얼마 후 난 GOP 위병소 근무를 악마 D상병과 함께했다. 작은 실수라도 할까 조마조마했다. D상병과 이런저런 이야기를 하게 되었다. 갑자기 이런 말을 꺼냈다.

"너 혹시 서커스 해봤니?"

D상병은 나보고 위병소 벽에 서보라고 했다. 팔을 벌려보라고 하더니 갑자기 나에게 대검을 던졌다. 대검은 내 몸을 스치고 위병소 모래를 쌓아 올려 만든 위장막에 꽂혔다. 재밌냐는 상병의 질문에 나는 "재밌습니다!"를 외칠 수밖에 없었다. D상병이 내게 말했다 "이거 옆 소대 동기들이 알려준 거야. 너는 그나마 다행인 줄 알아. 나는 몸에는 안 던지잖아." 나는 두 귀를 의심했다. '그럼 옆 소대는 몸에다 던진단 말인가.' 노리개가 된 듯한 느낌이 들었다. 비참했지만 그것보다 이 무서운 선임과의 위병소 근무가 빨리 끝나기만을 바랐다. 나는 내무반으로 돌아온 뒤 부디 이 군대 생활을 빨리 끝내 달라고 하나님께 진심으로 빌었다.

지옥 같던 군 생활을 잘 견뎌내고 전역을 했다. 전문대에 입학해서 나름대로 열심히 노력해서 자격증 6개를 취득했다. 학창시절 공부를 하지 않은 내가 군대를 다녀와 정신 차린 케이스가 된 것이다. 나름대로 성취감을 가지고 보기 좋게 첫 직장에 취직했다. 연봉도 꽤 좋고 복지도 좋은 외국계 기업에 들어갔다. 전공과는 매우 달랐지만 상관없었다. 뭔가 그럴듯한 인사총무팀에 입사해서 총무를 담당하게 되었다. 회사 내의 행사 진행, 비품 관리 및 의전 등의 일을 하는 업무이다. 열정이 넘쳤다. 사무직이 될 거라는 생각을 하지 못해서 부족한 사무 능력도 키우려고 노력했다.

첫 직장에서 회의감이 크게 들었던 에피소드가 있었다. 사내 운동복을 맞추는데 마네킹에게 입혀서 실물을 본 후 최종 득표가 가장 많은 운동복으로 맞추기로 하였다. 나는 마네킹과 유니폼을 받으러 5톤 탑차가 대기하는 장소로 갔다. 마네킹이 10개나 되었다. 나는 트럭기사님과 둘이서 꽤 무거운 마네킹을 트럭으로 옮겼다. 마네킹을 눕혀 놓을 수는 없었고 세워서 운반해야 했다. 고정을 잘못하면 마네킹이 쓰러질 수도 있는 상황이었다. 트럭기사님이 나에게 짐칸에서 잡고 있는 것이 어떠냐고 물었다. 어쩔 수 없었다. 나는 이 일을 진행을 해야 하는 처지였다.

나는 5톤 탑차 짐칸에 타서 20여 분을 달려야 했다. 캄캄하고 어두웠다. 10개의 마네킹을 부여잡고 가는 길은 처음 경험하는 칠흑 같은 어둠이었다. 이상한 고요함이 찾아왔다. 귀에는 큰 엔진 소음만 났다. '이대로 사고라도 나면 어쩌지.' 하는 걱정이 들었다. 순간 웃기다는 생각도 들었다. 이대로 사고가 나서 죽었다 치자. 5톤 탑차에서 마네킹 잡고 가다 죽는 거면 참으로 황당한 죽음이다. 사실 그런 생각을 하는 것도 과언이 아니었다. 지금 생각해봐도 꽤 위험한 상황이었다. 사회초년생으로 첫 직장에 열정적이었던 나는 그때 처음으로 직장생활에 대한 의문이 들었다.

나는 직장생활을 하면서 이런 말도 안 되는 경험을 할 것이라고는 예상하지 못했다. 도착 후 경비실 직원들의 도움을 받아 힘겹게 2층 회의 장소에 유니폼을 입힌 마네킹을 가져다 놓았다. 임시로 마련한 회의실에서 삼삼오오 임직원들이 모여들었고 생각보다 많은 인원이 참여를 해줘서 조금의 보람은 있었다. 그렇지만 내가 5톤 탑차에서 어떤 고생을 했는지 아는 사람은 없었다. 나는 마네킹과 둘이 있는 공간에서 공허한 마음에 어쩔 줄을 몰랐다.

앞에서 말한 군 생활과 직장생활에서 스트레스는 공통점이 있다. 그것은 내가 도저히 어떻게 할 수 없는 통제 속에서 받는 스트레스라는 것이다. 어쩌면 군대와 직장은 감옥보다도 우리에게 스트레스를 많이 줄 수도 있다. 감옥의 독방이라도 바로 눈앞을 바라볼 수는 있고, 교도관이 나를 향해 대검을 던지는 일도 없을 것이다.

내가 군대에서 가혹행위를 당할 때마다 선임들이 하는 말이 있었다. '나도 당했던 거 똑같이 하는 거야.' 직장에서 이직을 고려할 때는 '어딜 가든 다 똑같아.'란 말들을 아무렇지 않게 하면서 자신이 받은 스트레스를 합리화한다. 우리가 당연하다고 생각했던 일들을 곰곰이 생각해보면 굉장히 비상식적인 상황에서 일어나는 것들이다. 직장생활을 예로 들어보자. 돌아가면서 잠시나마 왕따를 당한다. 하지만 이내 같이 밥도 먹고 술도 먹으면서 또다시 친한 척 지낸다. 또다시 다른 희생양을 찾는 것은 그들에겐 너무 쉬운 일이다. 희생양을 찾아내는 특이한 재능이 있는 사람도 많다. 자신의 약점은 숨기고 남을 헐뜯는 것을 기가 막히게 하는 위험한 사람들 말이다.

이런 상황을 벗어나는 방법은 있다. 직장을 옮기면 된다. 하지만 우리나라의 사회적 인식과 구조적인 문제도 있다. 이직을 시도하더라도 재취업이 어려운 현실도 있다. 이직자에 대한 편견도 많이 남아 있다. 이런 문제들로 인해서 우리는 스스로 방어막을 친다. 항상 우리는 서로에게 약점을 잡히지 않기 위해 남을 탓하면서 노심초사하고 서로를 비교한다. 그 와중에 내일 있을 회의 자료를 만드느라 신경이 곤두서 있다. 그래서 정시 퇴근은 꿈도 못 꾸게 된다. 회의 자료를 완성하고 퇴근하고 나면 부족한 나 자신을 용서할 수 없는 마음이 들곤 한다. 억지로 자신이 뭐가 부족한지 고민한다. 인터넷을 검색해서 원치 않는 외국어 학원을 가거나

요가나 헬스클럽에 등록을 한다. 유행에 뒤처지지 않기 위해서 최신 유행 옷이나 신발을 검색하고 화제가 되는 유튜브 동영상을 시청한다. 오늘 하루 스트레스 받은 마음을 풀려고 편의점에 들러 맥주를 사서 귀가한다. 맥주를 마시며 12시까지 TV 시청을 하고 스마트 폰으로 인스타그램을 확인한 후 잠이 들고 알람 소리에 다시 일어나 우리는 출근을 한다.

# - 3 -

# 사람들은 항상
# 내가 부족하다고 말한다

　나는 취업을 위해서 열심히 준비를 한 편이라고 생각한다. 내가 가지고 있는 자격증은 6개다. 전문대 시절 중 1년 반 정도 되는 시간 동안 취득했다. 새벽까지 실기시험 준비를 했던 날도 있었다. 나는 그 정도면 전문대생으로서 경쟁력을 가졌다고 생각을 했다. 모든 기업이 날 뽑아 줄 것 같던 자신감도 있었다. 채용 사이트에 자기소개서를 열심히 준비를 해서 제출을 했다. 그 후 합격문자가 왔다.

　우리나라 5대 기업 중 한 기업의 생산직 면접을 보는 순간이었다. 면접 대기 장소에서는 정적이 흘렀다. 면접순서가 뒤쪽이라서 오래 기다린 사람들은 서서히 긴장이 풀리기 시작했다. 서로의 스펙이 궁금해지는 시간이 온다. 그래서 내 자격증은 몇 개, 남들은 몇 개, 이런 것을 확인하는 순간이 오기 마련이다. 나는 충격에 휩싸였다. 내가 가지고 있는 자격증 개수가 평균이었다. 내 스펙이 상위권이라고 생각했다. 하지만 그건 우물 안 개구리 같은 생각이었다. 사회생활을 먼저 해서 나이가 나보다 한두 살 많았던 어떤 지원자는 자격증이 10개나 있었다. 괜히 들었다는 생각이 들었다. 첫 면접이라는 긴장감에 내 순서가 점점 가까워질 때마다 심장소리가 귀까지 들리는 것 같았다. 내 차례가 되었고 준비했던 '1분 자기 소개'를 버벅거리며 했다. 내가 상상했던 최악의 시나리오가 펼쳐진 것이다. 면접질문으로 무엇이 오갔는지 생각도 안 난다.

하지만 한 가지 기억나는 것이 있다. 무릎에 땀이 나는 걸 느낄 수도 있다는 것이다. 무릎에 갑자기 물이 쏟아지는 느낌을 받았다. 면접장을 빠져나와 집으로 향하는 동안 느꼈던 그 실망감을 아직도 기억한다. 나는 그동안 뭘 한 건지 후회도 되었다. 앞으로의 면접들도 걱정이었다. 시간이 흐른 뒤 불합격 통보를 받았다. 예상은 했지만 막상 결과를 받고 나니 울적한 기분을 지울 수 없었다. 미래에 대한 불안감이 쏟아지듯 밀려왔다. 나는 다른 면접을 준비하는 동안 취업에 필요한 자격증 공부를 해야 한다는 강박에 시달렸다. 상위권자들에게 밀리지 않으려면 4개로는 부족했다. 막막한 숫자였다. 하지만 하늘이 도와서 대기업과 비슷한 연봉을 받는 중견기업으로 취업을 하게 되었다. 나는 생산직에 지원을 했고 기계설계 전공을 했지만 인사총무팀으로 발령이 났다. 난 총무 업무에 대해 작은 지식밖에 없었지만 일단은 취업했으니 됐다는 생각이었다. 사람들이 나의 스펙에 대해서 물어보더니 굉장히 의아하다는 반응을 보였다. 사실 대기업 인사총무팀이 꽤 고 스펙인 것인 사실이다. 내가 그런 부분을 알 턱이 없었다. 소위 말하는 SKY 출신도 있었다. 난 사는 동안 SKY 출신을 난생 처음 봤다. 나중에 알고 보니 내가 면접을 봤던 인사팀장님이 내 고등학교 선배였다. 그 이유가 전부인지는 모르겠지만 조카 나이쯤 되는 후배가 들어오니 많이 힘을 쓰셨던 것 같다.

아무튼 나는 입사를 했고 지금 이 편견을 깨야 하는 상황이었다. 같은 업무를 했던 과장님이 갑자기 나에게 데이터 관리를 해보라는 것이었다. 비품 내역이었다. 난 엑셀을 해본 적이 없었다. 그래서 더듬더듬 내 나름대로의 노력으로 데이터를 맞추고 있었다. 이런 상황이 답답했는지 나에게 화를 냈다. 화가 났다. 아무것도 모르는 것을 알면서 뽑은 것 아닌가 하는 생각이 밀려왔다. 그렇지만 난 을의 입장이어서 그저 '잘 하겠습니다.'라고 할 수밖에 없었다. 이때부터 뭔가 잘못 되었구나 하고 느꼈다. 외국계 회사다 보니 외국어 능력도 필요했다. 난 외국어를 할 줄 모른다. 일단 할 필요성조차 느끼질 못했었다. 하지만 더 큰 문제가 또 있었다. 그 과장이 나에게 회계프로그램을 알려준다면서 옆에 앉아보라고 했다.

시키는 대로 했다. 알 수 없는 회계 용어가 쏟아져 나왔다. '여긴 어디 나는 누구'란 말이 있다. 딱 그런 상황이었다.

　그래서 정리를 해보면 당장 나에게 필요한 능력은 이랬다. 첫째, 오피스 업무능력. 둘째, 외국어 능력. 셋째, 회계프로그램 및 회계기본지식. 막막했다. 내가 취득한 6개의 자격증은 무엇이고 그동안 투자한 시간은 무엇인지 너무 허무했다. 하지만 난 그 고민을 오래하진 않았다. 여기에 취업 후 주변 지인들과 친구들은 날 부러워했다. 그들에게 퇴사했다는 소식을 들려주고 싶지는 않았다. 정신 차려야 한다는 다짐을 했다. 잘하지 못하는 컴퓨터 앞에 앉았다. 그 순간 내 앞에 30대 초반의 A대리가 있었다. 다른 팀 B대리가 A대리를 보면서 한마디 했다. '박사님, 나 뭐 좀 물어볼 거 있어.' 별명이 박사인가 보다 했다. 하지만 우리 팀과 다른 팀 대리들과 같이 커피를 마시며 담소를 나누다가 나는 충격을 받았다. A대리는 진짜 박사였다. 갈 길이 멀다고 생각했다. 도저히 어디서부터 실력을 쌓아야 이 회사에 적응을 할 수 있을지 모르겠다는 생각이 들었다. 내가 박사가 될 수는 없는 노릇이었다. 그렇다고 해도 전혀 생각지 못했던 분야를 하려니 막막했다. 집으로 가는 길에 많은 고민을 했던 기억이 아직도 생생하다. 그다음 날부터 부족한 나 자신을 업그레이드 시켜야 했다. 내가 다니는 직장은 SKY 출신과 못해도 인서울 출신에, 박사가 있는 곳이다. 최소한 그들과 비슷하게는 하지 못하더라도 업무 자체는 할 줄 알아야 한다고 생각했다. 출근하고 오전 업무를 본 다음 점심 때 사내 영어회화 수업을 들어야 했다. 퇴근 후 도서관에서 회계 기초 공부를 하고 컴퓨터 학원에서 오피스 업무를 배웠다. 몸짱 열풍시대에 뒤처지면 안 된다는 생각에 헬스장에 갔다가 집에 오면 11시가 넘었다. 하지만 이내 지쳐버리고 말았다. 이렇게 한들 나는 박사가 될 수 없었고 SKY 출신이 될 수도 없었다. 공부했던 것은 기억조차 안 났다. 가고자 했던 방향과는 맞지 않았다고 생각해서 1년 반을 근무하고 이직을 결심하게 되었다.

어렵사리 이직을 했다. 다행히도 전에 있던 회사보다는 좀 더 좋은 조건일 것이라는 내 생각이 어느 정도 맞았다. 내가 했던 전공과 맞는 부분도 많았다. 총무 일보다는 스트레스를 덜 받을 것 같았다. 옳은 선택이라고 생각했다. 그렇지만 한 가지 문제는 인턴 생활을 해야 한다는 것이었다. 그것도 50%는 떨어지는 데스매치로 채용을 하는 것이다. 취업을 준비하는 커뮤니티에서도 인턴 인원 중 절반만 채용하는 곳으로 악명이 높았다. 나는 도전해보기로 결심했다. 설비 엔지니어 업무 담당이었다. 나 혼자 할 때는 나만 잘하면 됐지만 지금은 다른 경쟁자가 있고 조직의 일원이 되기 위해서는 기대 이상의 퍼포먼스를 보여줘야 한다고 생각했다. 나는 내가 탱크가 된 느낌이었다. 사람이 지면 안 되는 극한의 상황이 되다 보니 정신을 똑바로 차리게 됐다. 너무 열심히 한다는 칭찬도 들어가면서 일을 했다. 하지만 그때마다 나와 경쟁자 둘 중 하나는 떨어진다는 잔인한 말이 내게 비수처럼 꽂혔다. 비참하기도 했다. 사실 이직을 또 후회하기도 했다. 자존심이 많이 상했다. 나와 비슷한 나이대의 사원들에게조차 굽실거려야 채용이 된다. 그때 알았다. 사람은 지위가 있을 때 본성이 나온 다는 것을. 내가 인턴인 상황에서 좋은 말을 해준 사원들은 내가 정규직이 된 후에도 좋은 관계를 유지했지만, 그렇지 않았던 사원들에게는 정이 안 갔다. 나와 경쟁관계에 있던 한 사람은 그런 상황이 불편했는지 한 달 만에 그만두고 말았다. 그렇지만 나에게도 아직 두 달의 시간이 남아 있었다. 나에게 또 비수처럼 한두 마디가 들려왔다. 아직 끝난 게 아니다. 혼자 있어도 긴장 늦추지 마라는 말이 정말 듣기가 싫었다. 내가 시작한 도전이니 결과를 내야만 했다. 결국에는 정규직이 되었다. 사실 그러면 문제가 해결이 될 줄 알았다. 정규직이 된 후 나의 고생은 끝난 줄 알았다. 하지만 이제 시작이었다. 파트장이 나에게 업무에 필요한 자격증이 필요하니 시험을 봤으면 좋겠다고 했다. 자기도 지금 준비 중이라고 했다. 준비해야 할 자격증을 개수로 세어보았다. 3가지였다. 난 자격증이 이미 6개가 있었다. 필기만 따놓은 것까지 합치면 10개가 넘는다. 그런데 3가지를 더 요구한다. 그뿐만이 아니었다. 1년마다 개인성과 평가목표치가 있어서 팀장에게 1년마다 자신의 성과를 증명해야 하는 시스템이 있고 또 한 달에 두 번은 무조건 개선을 제안해서 개선된 사항을 보고하고 결재를 맡아야 했다. 여기서 끝난 게 아니다. 더 있다. 분기별로 조를 짜서 개선 사항을 임원들에게 보고해야 하기도 했다. 자료를 만들고 발표하는 것은 항상 막내사원인 내 담당이었다. '평생을 이렇게 살아야 하나?'라는 생각에 숨까지 막힐 지경이었다. 그렇지만 난 직장인이다. 명령에 따라야 한다. 새로운 도전을 정말 열심히 하고 자존심을 내려놓고 굽실거리며 정직원이 되었다. 그런데 또 나에게 계속 부족하다고 말하는 이 사회가 너무 싫었다. 정말 자격증 공부를 하기 싫었지만 나에게는 다른 무기가 없었기 때문에 자격증을 취득했다. 필기를 턱걸이로 합격했다. 허무했다. 우리가 지금 살고 있는 대한민국은 너무 치열한 경쟁사회라고 생각했다. 서로보다 더 뛰어나려고 피나는 노력을 해야 하는 사회였다. 기업의 지속적인 성장을 위해서 단순한 톱니바퀴가 되어서 나아가고 있을 뿐이라는 생각이 들었다. 합격소식을 직장 상사에게 말했다. 상사의 답변은 이랬다. '잘했어. 계속 해야지.' 나는 정규직만 되면 성장을 하면서 보람을 느끼고 미래를 설계해나갈 줄 알았다. 하지만 나는 이직을 해도 똑같은 노예 생활을 하고 있었다. 그 당시 '헬 조선'이라는 유행어가 쏟아져 나왔다. 앞으로 내 미래에는 지옥만이 있을 것 같았다.

- 4 -

# 나는 스트레스가 없는
# 사람이 되고 싶었다

세계적인 베스트셀러 론다 번의 『시크릿』이라는 책은 여전히 많은 부수가 팔려나가고 있다. 『시크릿』은 내가 하는 생각이 현실을 창조하고, 내가 긍정적인 생각을 하면 사는 세상이 행복해진다는 내용이었다. 첫 직장에서 나는 너무 힘들었다. 인터넷 검색으로 끌어당김의 법칙을 알게 되었고 시크릿 책을 서점에서 구입했다. 책을 본 나는 충격을 받았다. 나의 모든 힘든 상황은 내가 끌어당겨서 생겼다는 것이다. 이 말에 나는 반박하고 싶었다. 그럼 부자로 태어나는 이들은 어떻게 부자로 태어나서 풍요로운 생활을 하는 것이며 나는 왜 여유롭지 못 한 상황에 태어나서 이런 스트레스를 받아야 하는 걸까? 허무맹랑한 이야기가 아닐까 하는 의구심이 먼저 들었다. 책에서 나오는 한 직장인은 직장생활에서 자신을 힘들게 하는 사람들을 만나고 싶지 않다는 긍정적인 생각을 했다. 그 후에 자신을 괴롭히던 사람들이 퇴사를 하거나 이직을 한 경우가 나왔다. 주차장에 자리가 없었는데 긍정적인 생각으로 주차공간이 생겨난 일화도 적혀 있었다. 나에게도 그런 일들이 일어났으면 좋겠다고 생각을 했다. 나는 정말로 끌어당김의 법칙의 수혜자가 되고 싶었다. 첫 직장의 분위기가 내가 상상했던 것과 많이 다르다는 이유 때문이었다. 당시 나는 선배들과 같이 티타임을 가질 때마다 서로의 뒷담화를 듣는 게 하루 일과였다. 그러다 서로 험담한 사람들끼리 만나더라도 딱히 불쾌한 감정을 드러내지 않고 업무를 이어나간다. 그런 일이 반복되다 보니 같은 직원들과 대화도 하기 싫어지고 멀어지게 되었다. 결국에는 나도 그들의 희생양이 될 때도 있었다. 나는 책을 읽은 다음 날부터 책의 내용을 실행해 보기로 했다. 긍정적인 생각을 하기로 마음을 먹고 책에서 시키는 대로 했다. 긍정적으로 생각을 하려는 노력 때문인지는 모르겠지만 좋은 기분이 들었다. 주변 환경에 신경을 쓰지 않게 되었다. 신경을 안 쓰다 보니 스트레스가 없어져 업무에 집중도도 높아졌다. 퇴근길에 운동을 하러 주차장을 이용할 때 항상 주차장에 자리가 없는 것이 걱정거리였다. 그런데 끌어당김의 법칙 때문이었을까. 주차장에 자리가 평소보다 많이 비어 있었다. 기분이 좋았다. 나는 이제 다른 인생을 살 것만 같았다. 좋은 기분으로 집에 온 후 오랜만에 숙면에 들었다. 이제 내게도 다른 인생이 찾아 왔다는 어느 정도의 확신이 들었다. 하지만 나의 긍정적인 생각은 그리 오래가지 않았다. 직장 상사의 잔소리는 여전했고 커피를 마시는 동안 뒷담화도 끊이지 않았다. 역시 나의 의문은 틀리지 않았다고 생각했다. 시간이 흐른 뒤 나중에 알아차린 정보가 있었다. 우리가 끌어당김의 법칙이 잘 안 되는 이유는 우리의 뇌는 의식보다 무의식이 차지하는 비율이 압도적으로 크기 때문이었다. 내가 일시적으로 긍정적으로 살았던 부분은 뇌에는 일시적인 효과를 주기 때문에 효과가 미비하다는 것이었다. 나의 무의식은 끌어당김의 법칙에 대한 의구심이 생긴 상태였다. 의식적으로 긍정적인 효과를 낸 일종의 진통제의 역할만 했던 것이다. 또한 나는 변하고 싶었지만 나의 주변 환경은 부정적인 상태로 가득했다. 나의 상황을 이겨내기엔 나의 의식상태가 부족했던 것이다.

책으로 나의 인생을 바꾸기 위한 시도를 했지만 실패했다. 그렇지만 물러설 수 없었다. 어쨌든 이 스트레스를 피하고 싶었다. 그래서 그냥 별다른 생각 없이 선택을 한 것이 복싱이었다. 누구든 자신이 강해지는 모습을 상상해본 적이 있을 것이다. 그렇게 되면 왠지 내가 받는 스트레스의 상당부분이 많이 해결될 것이라는 생각이 들었다. 관장님과 면담에 들어갔다. 왜 복싱을 시작하는지 굉장히 진지하게 물어보셨다. 나는 솔직하게 직장스트레스가 심해서라고 대답했다. 웃으시면서 종종 그런 사람들이 있다고 말씀하셨다. 관장님께서 나에게 줄넘기를 해보라고 하셨다. 나는 사실 줄넘기에는 자신 있었다. 학창시절 줄넘기 대회에서 상도 받은 적도 있었기 때문에 내가 줄넘기 하는 모습을 보고 관장님은 흡족해하셨다. 그리고 기본기에 대해서 알려주셨다. 자세가 굉장히 불편했다. 하지만 관장님이 지금 기본기가 되지 않으면 습관이 되어서 자세를 고치기 어려워진다고 하셨다.

내가 다니는 체육관은 장사가 잘되는 편은 아니었다. 일주일을 다니는 동안 저녁타임인데도 불구하고 나 혼자 운동하는 날도 있었다. '오늘도 썰렁하겠구나.'라는 생각으로 체육관으로 들어갔는데 왠지 고수의 포스를 풍기는 두 명의 남자가 있었다. 그중 A는 나에게 상냥하게 말을 걸어주면서 자신들은 이곳에서 어린 시절부터 훈련을 한 프로 복서라고 했다. A는 나보다 두 살 위의 형이었다. 직장생활과 프로활동을 병행하는 상태였다. B는 나보다 두 살 어린 대학생이었다. A와 B는 서로 의논을 하면서 링 위에서 이런 저런 기술에 대한 연구를 했다. 갑자기 A가 나를 보더니 링 위에서 스파링도 해봐야 실력이 는다고 나에게 B와의 스파링을 제안했다.

스파링이라니. 언젠가는 이 시간이 올 줄은 알았다. 하지만 너무 빨랐다. 가슴이 뛰기 시작했다. 심장이 내려앉는 것 같았다. 헤드기어를 낀 탓인지 숨쉬기가 더욱 불편하고 시야가 가려진 탓에 정신이 혼미해졌다. 도살장에 끌려온 가축의 분위기였다. A가 B에게 말했다. '아직 초보시니깐 살살해야 돼.' B는 짤막하게 대답했다. '아~ 초보셨구나. 그럼 저를 마음껏 때리셔도 돼요.' 조금은 안도가 되었다. 고수니까 날 세게 때리는 일은 없을 것 같았다. 2분 동안 3라운드로 타이머가 세팅되었다. 마음껏 때리라고 했으니 안심은 되었지만 떨리는 것은 어쩔 수 없었다. 하지만 난 극한상황까지 경험하기 위해서 지금 이 공간에 있는 것이라는 결심을 했고 오른 주먹을 B의 얼굴에 크게 휘둘렀다. 묵직한 느낌이 들었다. 정통으로 맞은 것이다. 나도 놀랐고 모두가 놀랐다. B의 헤드기어가 살짝 벗겨진 상태로 머리 위에 비스듬히 얹혀 있었다. B는 나의 공격에 충격을 받은 것 같았다. 고개를 좌우로 흔들었다가 갑자기 눈빛이 돌변하더니 헤드기어를 바닥으로 세게 내팽개쳤다. 순간 나는 죽음을 직감했다. 마음껏 때려도 된다는 말은 거짓말이었다. 체감으로는 펀치를 천 대는 맞은 것 같은 순간이었다. 맞는 동안 체력소모가 너무 심해서 호흡이 곤란해질 정도였다. 이대로 죽는 게 나을 정도라고 생각했다.

총 3라운드의 스파링이 끝났고 A는 좋은 경험했다면서 이래야 실력이 는다고 날 위로했다. 약간의 억울한 감정이 있었지만 살았다는 것만으로도 행복했다. 나중에 알고 보니 B의 체급은 기억이 나질 않지만 아시아태평양지역 랭킹 10위권이었다. 나는 가슴이 뛰었다. 내가 국제대회랭킹 10위권의 선수에게 제대로 한 방 먹였다는 자부심에 맞았던 순간은 싹 잊고 기쁜 마음이 들었다. 엄청난 기분이었다. 제 3자가 볼 때는 별 볼 일

없이 맞기만 한 모습일 뿐이었겠지만 나는 지금 이 순간도 그 흥분이 잊히지 않는다.

우리는 사는 동안 스트레스를 없애고 싶은 순간이 많이 있다. 어떤 부분에 있어서는 도저히 내가 어쩔 수 없는 스트레스라고 생각을 하면서 문제 해결을 포기하는 순간이 오기도 하고 극복하고자 노력을 하기도 한다. 하지만 스트레스는 계속 오기 마련이다. 그럴 때마다 하루하루 망가져가는 내 자신을 보면 더욱 비참해진다. 내가 진정으로 하고 싶은 일을 하지 못하게 막는 큰 벽이 되기도 한다. 그런 벽을 뛰어넘는 연습과 행동이 우리에게 필요하다고 생각한다. 나는 스트레스가 없는 사람이 되고 싶었다. 사실 내가 스파링을 했던 B보다 우리에게는 스트레스가 오는 상황에 대한 두려움이 더욱 클 수도 있다.

그럼 우리에게 해결책은 없는 것일까. 앞에서 말한 끌어당김의 법칙은 의미가 없는 것이라고 생각할 수 있다. 무의식에 대한 부분 때문에 많은 사람들이 끌어당김이 잘 안 된다. 하지만 꼭 해결 방법이 없는 것도 아니다. 러시아판 시크릿으로 불리는 물리학자 바딤 젤란드의 『리얼리티 트랜서핑』에서 끌어당김의 법칙이 잘 안 되는 것에 대한 궁금증을 풀 수 있다. 우리가 성공을 하고 싶다는 생각과 어떤 문제를 해결하고 싶은 주문을 너무 많이 보내게 되면 지나치게 많은 의미가 형성이 되어서 '잉여 포텐셜'을 만들어낸다고 한다. 간단하게 정리하면 긍정적으로 살아야 한다는 생각이 강박적 사고가 되어서 우리 인생에 나쁜 작용을 한다고 한다. 내가 직장에서 잘 안 되었던 이유를 잘 설명하는 책이라 생각한다. 저자는 이미 이루어진 느낌에 대해서 강조를 한다. 그리고 그런 느낌으로 안 좋은 상황에서 의도적으로 좋은 기분을 느껴야 한다는 것이다. 내가 복싱을 선택해서 긍정적인 느낌을 받은 것이 바로 이런 상황일 거라고 생각을 한다. 사실 나는 복싱에 대해서 고수가 되고 싶다는 커다란 목표보다 새로운 경험이 그저 신기하고 재미있다는 느낌이 강했다. 사실 그 복싱에 대한 인연은 아직도 내 인생에 좋게 작용하고 있다. 사실 이런 기분을 느끼는 건 쉬운 일은 아닐 것이다. 말로 설명하는 것조차 어렵다. 그만큼 스트레스라는 것에서 벗어나기 쉽지 않다. 하지만 나처럼 날아오는 펀치를 그저 맞고만 있는 것보다는 잽을 한 번이라도 뻗는다면 한 대라도 덜 맞지 않겠는가. 각박한 세상을 살아가는 우리에게는 지속적인 노력이 필요할 것이다.

# - 5 -

# 내게 두려움을
# 이겨낼 용기가 없었다

나는 이제 30대 중반이다. 어느 누군가에게는 늦었다는 소리를 듣기도 하고 또 다른 누군가에게는 아직 앞날이 창창하다는 말을 듣는 나이이기도 하다. 그런 사회적 시선은 나를 긍정적인 사람으로 만들기도 하고 때로는 부정적인 사람으로 만들기도 한다. 어느 때는 그런 사회적 기준이 너무 두려워서 아무것도 못하게 만들 때도 있다. 조금은 나아졌다고 하지만 우리 사회는 여전히 30대가 넘은 신입사원은 가뭄에 콩 나듯 있는 것이 사실이다. 그렇다고 입사를 하면 나아질까. 우리들은 30대 중반을 넘어서면 40대 중반이 되었을 때의 미래를 걱정하기 시작한다. 그 이유는 바로 나보다 먼저 들어온 과장, 부장급들이 회사에 남아 있으려 발버둥을 치지만 회사의 압박을 버티지 못하고 다른 길을 찾아가는 경우가 많기 때문이다. 그때 비로소 30대 직장인들은 나이 제한이 없는 곳을 찾아 공무원과 공기업을 준비할까 말까 하고 고민한다. 늦은 재테크 정보를 캐러 유튜브나 서점을 기웃거리기 시작한다. 미래에 대한 불확실성이 많아지기 시작할 때 섣부른 선택으로 잘못된 다단계에 빠진다. 무리한 투자를 해서 돈을 잃는 경우도 많이 보았다.

나도 미래에 대한 대비를 하고 싶었다. 다가오는 두려움을 이겨내려고 했다. 그래서 동기부여가 되는 영상과 자기계발서를 보았지만 생각만 할 뿐 실천으로 옮기지 못했다. 두려움을 이겨낼 용기가 없었던 것이다. 조급한 마음에 주식에 투자를 했다. 하지만 조금만 하한가를 쳐도 걱정이 태산 같았다. 단기 투자가 우선인지 장기 투자가 우선인지 너무나 많은 정보는 나를 혼란스럽게 만들었다. 망설이다 다시 주식에 있는 돈을 회수를 했다. 현재 그 주식은 내가 샀을 때보다 2배가 올랐다. 부동산도 마찬가지다. 신혼집을 마련할 때 낡은 빌라 단지가 재개발된다는 소식이 들려와서 망설였다. 그곳은 재개발이 확정되어서 지금은 집값이 많이 올랐다. 나는 계속 겁쟁이가 되는 것 같았다. 좋은 기회를 놓친 것도 많아서 너무나 후회되고 아쉬웠다. 나는 부자가 되고 싶은 욕망이 강했다. 하지만 항상 두려움이 나의 발목을 잡는 것만 같았다. 정신을 차리고 주변을 보니 누구도 나를 대신해서 이런 고민이나 조언을 해결해줄 수 없다는 것을 깨달았다. 나 스스로 문제를 해결해나가야 했다. 나이와 상관없이 부업으로 할 수도 있고 잘되면 큰 수익을 내는 부분이 무엇인지 고민하고 또 고민했다. 그리고 나는 〈한국책쓰기1인창업코칭협회(이하 한책협)〉라는 책 쓰기 코칭을 받는 곳으로 오게 되었다. 이곳에는 책 쓰기 코칭으로 자수성가해서 성공한 〈한책협〉의 대표 김도사가 있었다. 짧게 통화를 했다. 1일 특강을 신청해서 세미나에 참석을 하라는 김도사의 권유였다. 주말 근무도 많은 상황이라 또다시 도전하는 것을 미루었다. 내가 노력을 해도 환경은 바뀌지 않을 것만 같았다. 그래서 의미 없는 하루하루를 살아가며 인생을 허비했다. 2년 후에 〈한책협〉에 가입해 책을 쓰게 되리라고는 그때는 생각지도 못했다.

그 당시 〈한책협〉과 통화만 한 채 별다른 소득 없이 시간이 흘렀고 나는 인사이동을 하게 되었다. 나와 업무를 바꾸게 된 대리님이 업무 스트레스로 인해 인사이동을 요청했기 때문이다. 당시 나도 부서 상사와 맞지 않아 교대근무를 하고 있었다. 자기계발을 하기에는 시간적 제약이 많았다. 터닝포인트가 필요하다는 생각이 들었다. 그 당시 어떤 업무를 맡는지는 중요하지 않았다. 정상근무를 하게 되면 자기계발을 할 시간이 생겨서 내 미래에 대한 준비는 할 수 있을 것 같았다. 그렇게 인사이동을 했다. 내가 이동한 부서는 수질관리 부서였다. 수질관리이다 보니 화학 약품 냄새도 많이 났고 몸도 피로했다. 하지만 난 그동안의 두려움 때문에 망설여서 이득을 못 냈던 부분에 대한 손해를 만회하고 싶었다. 그렇게 인사이동이 되었고 업무에 점점 익숙해져가고 있을 무렵 이상한 것을 발견했다. 수질관리 업무는 화학적 지식이 필요한 것이었다. 나는 인사이동을 한 지 얼마 되지 않아 잡다하게 시키는 일만 2개월 정도 했다. 점점 지식과 정보가 쌓이면서 회사에서 몇 개월간 기준치 이상의 폐수를 방류했다는 사실을 알아차렸다. 나도 처음에는 별일 아니라고 생각했다. 그러나 문득 이것이 공장 가동을 멈춰야 하는 중대한 사항이라는 것을 소문으로 알게 되었다.

하루하루 시간이 지날 때마다 이 문제는 심각해졌다. 말 그대로 회사에서 암묵적으로 불법인 일을 몇 개월 동안이나 해온 것이었다. 시에 있는 하수처리장에 수질관리시스템을 개선하기 위해서 컨설팅을 의뢰해서 물 처리 과정을 바꿨다. 그것이 문제가 된 것이다. 처음 공장이 설립되었을 때부터 전문인력이 배치가 안 되었던 것도 원인이었다. 사실 나는 우리나라 기업 특성상 이득이 되는 생산에만 투자를 하는 방식도 이 문제에 한몫을 했다고 생각한다. 아무튼 이렇게 계속 시간은 흘렀다. 사실 이미 회사생활에 대한 회의감도 들었다. 그래서 정상이 되든 말든 신경 끄고 싶었다. 수질관리실 내부에서도 서로 남 탓만 하는 상황이 대부분이었기 때문에 지긋지긋했다. 사실 그냥 신고를 해버릴까 생각도 했다. 그러나 어차피 금방 무마될 거라고 예상했다. 그래서 나는 신고할 생각을 금세 접었다. 하지만 정의는 승리한다고 했던가. 기나긴 불법행위에 마침표를 찍을 기회가 찾아왔다. 명절 전날 도청에서 수질오염 농도를 체크했다. 이미 기준치를 초과하였기 때문에 이것이 발각되는 순간 회사 문을 닫을 판이었다. 만약 그렇게 된다면 천문학적인 손해는 물론 언론에도 발표가 날 것이었다. 기업 입장에서는 막대한 손해였다. 나는 멀리 회의실 밖에서 감독관이 수질오염 농도를 체크하는 모습을 지켜보았다. 무언가 심각한 표정이 보였다. 많이 상기된 얼굴로 취수를 할 물통을 가지고 오더니 방류수를 취수하기 시작했다. 수질관리실에서 처리된 방류수를 수돗물과 섞는 모습을 보았다. 그 당황하는 뒷모습을 나는 아직도 잊지 못한다. 어쨌든 감독관이 다시 수질 체크를 했고 결국에는 오염기준을 통과했다. 나는 말이 안 된다고 생각했다.

우리나라의 부패 인식 지수가 높다는 것쯤은 대한민국 사람이라면 누구나 안다. 그러나 나의 기준에 이것은 해도 너무한다는 생각이 들었다. 수질관리가 잘못 되어서 기준치의 몇 배가 되는 오염물질을 방류했는데 그것을 공무원이 눈감아주는 모습을 현장에서 목격한 것이다. 나는 꼭 이 문제가 밝혀져야 한다고 생각했다. 사실 나에게 조금의 양심은 있었는지 하루하루 죄책감을 느끼고 있었다. 직장의 노예로서 주인님에게 감히 대들 수 없는 상황이라는 생각으로 자신을 합리화했다. 하루하루 언젠가 해결이 되겠지 하며 문제 상황을 애써 외면하는 내 모습이 한심하게 느껴지기 시작했다. 나중에 알고 보니 나와 업무를 바꿨던 대리님은 이 문제를 정확히 인지하고 있었다. 해결방법을 제시했지만 파트장과 작업반장의 모함으로 인해서 정신과를 가게 되었던 것이다. 말도 안 되는 이런 상황을 나는 제대로 되돌리고 싶었다. 이것은 태어나서 하늘이 나에게 주신 가장 큰 과제란 느낌까지 받았다.

나의 잠재의식은 나에게 두려움을 이겨내지 못하도록 속삭였다. 첫째, 언젠간 해결이 될 테니 나만 가만히 있으면 된다는 신호였다. 둘째, 솔직히 기업 입장에서 보면 난 별 볼 일 없는 직원이다. 내가 진실을 말한들 통하지 않을 것이라는 생각이 계속 떠올랐다. 그 이후 직장생활이 너무나 힘들었다. 나는 정말 아무것도 아닌 존재라는 생각부터 온갖 부정적인 생각이 끊이질 않았다.

신경을 끄고 살아도 될 문제였을 수도 있다. 그렇지만 난 생각보다 양심이 있는 사람이었던 것 같다. 아무렇지 않게 뻔뻔하게 직장생활을 하는 다른 직원들을 보면서 나도 생각 없이 저렇게 노예의 삶을 살면 편하지 않을까란 생각을 많이 하기도 했다. 하지만 결국 나는 환경부에 신고를 하기로 마음을 먹었다. 아무도 없는 곳에서 전화를 시도했다. 너무나 떨렸다. 걱정이 앞섰다. 아기는 태어난 지 얼마 되지 않았고 나도 이제 30대가 넘었다. 이 신고를 하고 나면 앞으로 나에게 어떤 시련이 다가올지 예상이 되었다.

사실 이런 생각을 하는 것 자체에 화가 많이 났다. 어찌 보면 당연한 일 아닌가. 왜 공익적으로 진실을 말하려 하는 사람이 겁부터 내는 사회가 되었는지 짜증났다. 직장인으로 삶을 살아온 것도 후회했다. 당시에 환경 문제에 신고를 하면 신고포상금 제도가 있었다. 인터넷으로 검색을 해보니 많아야 천만 원 미만이었다. 그 정도의 돈은 나중에 닥칠 리스크에 비하면 별것 아니었다. 신고하는 것이 망설여졌다. 그런 두려움으로 나는 신고를 미뤘다. 두려움 때문에 세상을 박차고 나올 용기가 없었던 것이다.

사람들은 두려움을 피하기 위해서 애를 쓴다. 나처럼 작은 두려움을 피하려다 큰 두려움을 맞이하기도 한다. 나는 고민 끝에 두려움으로 인해 선택을 망설였다. 중요한 일일수록 두려움이 큰 역할을 한다. 두려움은 세상을 기존과 다르게 내 방식대로 살아갈 때 시작된다. 그 기존의 방식을 깼을 때 두려움은 성공이 되고 희망이 된다. 살아가면서 성장하는 동기부여의 방식으로 찾아오기도 한다. 그럴 때일수록 용기를 내서 두려움을 이겨낼 방법을 찾는 것이 우리의 과제일 것이다.

# - 6 -

# 대부분 스트레스 받는 줄도
# 모르고 살고 있다

우리에게 가장 큰 스트레스는 어떤 것일까? 그것은 바로 '돈'일 것이다. 만약 100억이 있다면 인생 대부분의 문제는 해결될 것이다. 그렇다면 반대로 생각해보면 돈이 없다면 인생의 대부분에 문제가 생긴다. 자본주의 사회에서는 뭐든지 돈으로 주고받는다.

자신의 가치를 높이는 데도 돈이 이용되기도 하고 삶의 행복을 돈으로 설정하는 사람도 대다수이다. 하지만 우리 대부분은 돈이 왜 부족한지 모르고 있다. 그것은 우리가 스스로 돈을 창조하는 삶을 살지 못하고 남이 주는 급여에만 목을 매기 때문이다.

나의 연봉은 5천만 원 이상이었다. 월 3백 정도의 월급을 받았다. 연말에 보너스를 타면 좋은 옷을 사고 외식을 했다. 1년에 한 번 오는 행복에 굉장히 성공한 삶이라고 생각했다. 그러다 보면 언젠가는 돈이 조금씩 줄어든 것을 볼 수 있었다. 나는 문득 궁금한 점이 생겼다. 내 연봉은 그래도 높은 편이라고 생각을 했다. 돈이 안 모이는 이유가 궁금해서 지출 내역을 적어보았다. 세금, 휴대폰 요금, 차량유지비, 기저귀, 보험료, 식비, 부동산 대출금. 계산을 해보니 내 월급은 없는 것이나 마찬가지였다. 나는 맞벌이 부부이다. 아내도 나보다 살짝 적은 연봉을 받는다. 그렇다면 나는 우리 둘이 돈을 모은다면 분명히 여유가 있을 줄 알았다.

지금 수도권의 어느 정도 인기 있는 아파트 분양가는 4억이 넘어간다. 그렇다면 우리 부부가 생활비를 지출하고 남는 월급으로 모은다면 11년이 걸린다는 계산이 나왔다. 그것도 11년 동안 물가 상승도 없을 때 가능한 이야기였다. 그마저도 아이의 교육비는 뺀 것이었다. 단순히 생각해봐도 월급으로 안정된 생활을 하는 것은 불가능하다. 그렇다면 우리는 간단한 계산법을 아는 데도 왜 월급의 노예로 살아가게 되는 것일까?

로버트 기요사키의 『부자 아빠 가난한 아빠』 시리즈는 20년이 지난 지금까지도 전 세계에서 베스트셀러로 인기를 얻고 있는 책이다. 돈에 관한 관심이 있는 사람이라면 한 번쯤은 보았을 책이다. 기요사키는 자신이 책을 쓴 이유에 대해서 이렇게 말한다.

자신이 이 책을 쓴 이유는 많은 사람들이 금융지식을 알면 삶의 많은 문제를 해결할 수 있을 거라고 생각했기 때문이라고 했다. 그는 우리가 흔히 돈을 얻는 방식인 직장의 월급이나 자영업으로 얻는 돈은 가난한 사람이 되는 지름길이라고 저자는 말하고 있다. 또한 재정적 자유를 성취하고 큰 재산을 모으는 비결은 근로소득을 투자소득/수동적 소득으로 전환할 수 있는 능력에 달려 있다고 한다.

어쩌면 우리에게 오는 문제점들은 우리가 당연시 여기는 근로소득으로만 살아가기 때문에 마음의 여유가 없는 데서 생겨난다고 생각한다. 우리 삶의 시스템이 스트레스인 줄도 모르고 당연하다고 여기며 살아가고 있다. 이러한 문제점을 해결하는 방법은 금융지식을 쌓아 근로소득을 기반으로 다양한 파이프라인을 만드는 것이다. 그러기 위해 꾸준히 연구하고 노력해야 한다.

나의 첫 직장은 지방에서 가장 좋은 회사로 손꼽혔다. 그래서 그 회사에 취업한 사람들은 동네 사람들에게 부러움의 대상이었다. 그래서 우연히 식당에서 회식을 하면서 법인 카드로 계산을 하는 부장님 옆에 있을 때면 젊은 나이에 좋은 회사 다녀서 좋겠다는 말들을 종종 듣기도 했다. 거래은행에 가도 총무라는 직책 때문인지 은행 지점장이 날 VIP실로 불러 커피를 주기도 하면서 이런저런 이야기를 나눴다. 나도 사람인지라 그런 상황이 있을 때면 어깨에 힘이 들어갔다. 지금 생각해보면 그런 부분들은 나도 모르게 다른 사람을 불편하게 했을지도 모를 일이었다. 다른 직원들은 도가 지나친 모습을 종종 보이기도 했다. 술에 많이 취한 상태면 본심이 나오기 마련이다. 회식 장소 가게 사장님이나 종업원에게 도에 지나친 농담을 한다든지 음식을 빨리 가져다 달라며 소리치는 일도 있었다. 지방에서 가장 큰 기업은 매출을 올려준다. 그래서 가게 사장님들은 반발하기 힘든 상황이었다. 또 다른 형태의 갑질로 보였다. 협력사와의 관계에서도 이런 갑을 관계 때문에 문제가 된 일이 여러 번 있었다. 지방에서 소위 돈을 잘 버는 직장인이라는 타이틀은 협력사에 다니는 중년의 여성분들에게 좋은 남자란 인식이 있었다. 그래서 불륜으로 회사에서 종종 시끄러운 경우도 여럿 있었다. 또 원청 직원이 협력사직원들에게 말을 함부로 해서 협력사 직원들의 항의로 반발이 크게 일어나는 상황도 여러 번 있었다. 내가 봤던 일은 빙산의 일각일 수도 있다. 그렇지만 원청 직원이라고 항상 갑의 위치가 되는 것은 아니다. 제조업은 고객사라는 것이 존재하기 마련이다. 또 다른 큰 고객사 직원들에게 높은 임원이 굽실거리는 모습을 자주 봤다. 또 원청 직원들 간 관계에서는 어떤가. 대졸, 고졸의 등급을 나누면서 계급을 만들어내고 임원이라는 타이틀을 소수에게 부여해서 인생역전을 할 수 있다는 희망고문을 하면서 힘든 일과 고생도 꿋꿋하게 버티라는 주문을 건다.

미국 유명 극작가 리로이 존스(아미리 바라카)의 노예에 대한 명언은 직장생활을 하는 입장에서 많은 부분 공감 간다. 그의 글은 다음과 같다.

"노예가 노예로서의 삶에 너무 익숙해지면 놀랍게도 자신의 다리를 묶고 있는 쇠사슬을 서로 자랑하기 시작한다. 어느 쪽의 쇠사슬이 빛나는가, 더 무거운가 등. 그리고 쇠사슬에 묶여 있지 않은 자유인을 비웃기까지 한다. 하지만 노예들을 묶고 있는 것은 사실 한 줄의 쇠사슬에 불과하다. (중략) 그러나 현대의 노예는 스스로 노예의 옷을 입고 목에 굴욕의 끈을 휘감는다. 그리고 무엇보다 놀랍게도, 현대의 노예는 스스로가 노예라는 자각이 없다. 뿐만 아니라 그들은 노예인 것을 스스로의 유일한 자랑거리로 삼기까지 한다."

이 글은 한 동안 SNS에서 유명세를 탔던 적이 있다. 우연히 이 명언을 보고 나는 너무나 많은 공감을 했다. 이 말을 조금만 자세히 보면 우리가 스트레스를 받는 이유를 몰랐던 이유가 정확히 나온다. 직장생활은 노예 생활이다. 나는 예전 직장 선배에게 직장생활이 만들어진 목적을 들은 적이 있다. 주인들은 노예들에게 음식과 잠자리를 제공하는 것이 부담이 되기 시작했다. 또한 숙소에 뭉쳐 있으면 반란을 일으킬 가능성이 크다.

그것을 방지하는 목적으로 주급을 준다. 서로 주급을 더 받도록 경쟁시켜 단합을 못하게 한다. 그런 시스템으로 만들어진 것이 지금의 직장생활이라는 것이다. 직장 선배의 말의 사실인지는 모른다. 하지만 충분히 일리 있는 말이라고 생각했다.

우리의 대부분은 직장을 잃으면 파산이다. 정상적인 생활이 불가능하다. 교통을 이용할 수도 없고 통신도 할 수 없다. 무엇보다 누군가의 도움을 받지 못하면 먹지 못해 죽을 수도 있다. 그런 위험한 상태를 계속 유지해 살아간다는 것은 너무나도 불안한 상태인 것이다. 하지만 우리는 이런 노예 생활조차 자랑거리로 삼고 인생의 목표로 사는 사람들을 많이 볼 수 있다. 사실 거의 대부분이 이렇게 산다. 대기업은 큰 노예수용소이고 중소기업은 작은 노예 수용소이다. 큰 노예수용소일수록 감시가 삼엄해서 빠져나가기 쉽지 않다. 대기업 취업을 목표로 하고 있는 우리의 현실과 맞는 비유일 것이다. 사실 나중에 나도 성장을 하면서 알았지만 중소기업이 노예 생활에서 탈출할 수 있는 가능성은 더 높다는 것을 알게 되었다. 많은 기술과 노하우를 한 번에 많이 배울 수 있다. 다만 당장의 월급은 적을 수 있다. 자신 스스로 미래를 개척하는 능력은 대기업보다는 많이 배운다. 하지만 버티기는 정신적으로나 육체적으로 똑같이 힘든 것이 사실이다. 어쨌든 작은 수용소이기 때문이다. 우리는 당연한 직장인으로서의 삶 그 자체가 스트레스의 뿌리인 줄 모르고 살고 있다. 직장의 인간관계에서 오는 스트레스를 우리가 모른다는 것이 아니다. 직장생활이 아니어도 인생을 잘 살아갈 수 있다는 것을 모르는 사람이 대다수라는 것이다. 나는 다행히 직장생활에서의 스트레스를 이겨내려고 읽은 성공한 사람들의 책에서 이 사실을 깨달았다. 나도 당연하다는 것을 부정당하고 나서야 내가 바보같이 살았다는 것을 깨달았다. 나는 당신 스트레스의 뿌리가 무엇인지 해답을 어서 찾길 바랄 뿐이다.

# - ㄱ -

# 때로 보이는 것도
# 스트레스가 된다

2001년을 떠올리면 난 9.11 테러가 떠오른다. 당시 사춘기 소년이었던 나에게 '테러'란 너무 생소한 단어였다. 연일 TV뉴스에는 테러로 인한 공포가 확산되었다. 비행기가 빌딩에 부딪혀 많은 사상자를 낸 사건은 유명한 사건이었다. 나는 영화에서 나오는 장면인 줄 알았다. 나뿐만 아니라 모두 이런 일은 처음이었다. 모두 두려움에 떨었다. 내가 TV를 보면서 봤던 가장 충격적인 사건이었다. 그 후 전쟁이 난다고 했다. 나는 무서웠다. 하지만 사실 그 일은 안타까운 일이었다. 그 일이 일어났을 때는 내가 중2 때였다. 내가 고등학교 2학년 때 이라크 전쟁이 났다. 생각해보면 감수성이 예민하다고 하는 사춘기 시절이었다. 내 의지와는 전혀 상관없이 전쟁에 관한 뉴스를 보면서 성장했던 것이다. TV뿐만이 아니었다. 학교 선생님들도 지겹도록 뉴스를 들은 탓일까. 가끔씩은 수업시간 내내 전쟁 이야기만 하는 선생님들도 간혹 있었다. 생각해보면 한창 감수성이 예민할 나이에 충격적인 정보가 계속해서 흘러 들어온 것이다. 나와 같은 세대는 참으로 불행하다고 생각한다. 전쟁에 대한 소식이 무뎌질 쯤엔 연쇄살인이 화제가 됐다. 인터넷 기사와 뉴스에서 보도 되는 살인마의 범죄행위는 날마다 그 숫자가 늘어났다. 사실 이런 엽기적인 일은 해외에서만 일어나는 줄 알았다. 하지만 우리나라에서도 끔찍한 사건이 터진 것이다. 그 후에도 많은 유명하고 끔찍한 사건들이 줄줄이 나왔다는 것을 모두가 알 것이다.

나는 우리가 사는 이 세상이 무서웠다. 뉴스에서는 전쟁과 크고 작은 재난에 대한 기사가 연일 쏟아져나왔고 인터넷 악플이 절정이던 시절이었다. 인터넷 댓글에 버젓이 끔찍한 단어들이 많이 등장하는 시기였다. 그렇기 때문에 나도 모르게 부정적인 사람이 되었다. 나는 미래가 암울하다는 생각을 하면서도 그런 자극적인 영상과 댓글을 먼저 보게 되었다. 지금 생각해보면 나는 피해자가 되지 않았다는 안도감 때문에 더욱더 그런 자극적인 것들에만 손이 간 것인지도 모르겠다. 온통 부정적인 것들을 보며 나는 큰 사람이 되지 않는 것이 좋겠다는 생각이 들었다. 그리고 나중에는 실패를 두려워하게 되었다. 나의 심리 상태는 아예 부정적인 상태로 자리잡았다. 그 당시에는 내 주위에 왜 이렇게 안 좋은 영향을 주는 사람들만이 있는지 몰랐다. 지금 와서 당시 정보들을 보면 내가 왜 그런 생각만 가졌는지 알 것 같았다. 부정적인 생각으로 부정적인 사람들만 끌어들였던 것이다. 꿈과 희망이 없는 이야기만 했다. 20대 초반엔 PC방에서 하루 종일 시간을 보냈다. 시간만 무의미하게 흘러갔다.

이처럼 보이는 사건들은 매우 중요한 부분으로 우리 마음속에 각인된다. 꿈을 꿔야 하는 시간에 나도 모르게 부정적인 암시가 일상이 되어버린다. 그런 일상이 불안함으로 나타나고 나의 생활에 지장을 준다. 하기 싫은 일들이 많아지고 그로 인해서 안 좋은 환경을 불러들인다. 나는 그런 보이는 스트레스가 가장 많은 곳이 직장이라고 생각한다. 나는 직장생활을 저주한다. 그 이유는 앞에서 말한 것들로 이미 충분할 것이다.

나는 직장에서 가장 보기 싫은 순간을 꼽자면 바로 식당이다. 왜 그럴까? 주인님이 주신 밥을 우리는 줄을 서서 먹고 있다. 그 모습을 상상해보자. 익숙하다면 나도 모르는 사이에 주는 밥이 너무 익숙해진 것이다. 어린이집, 유치원, 초·중·고등학교, 군대, 직장… 어떤가? 당신의 모습이 이른바 가축 같아 보이지 않는가? 직장생활의 스트레스가 절정일 때 식당에 줄을 서 있는 임직원을 바라보았다. 과거부터 현재까지 줄을 서 있는 모습이 갑자기 파노라마처럼 지나갔다. 만약 당신이 이 책을 본 후 사내 식당에서 밥을 먹는다면 과거의 모습이 떠오를 것이다. 솔직히 스트레스 받는 모습 아닌가. 다양한 인터넷 사내교육은 우리를 더욱더 피곤하게 하고 어지럽게 흐트러져 있는 A4용지들은 업무의 집중도를 떨어뜨리곤 한다. 큰맘 먹고 정리를 하려고 하면 급한 업무보고 때문에 잊히기 일쑤이다. 야근을 하면 내 책상 서랍장은 난장판이 되어 있었다. 의식상태가 좋지 못하였기 때문에 정리정돈도 제대로 안 되었다. 물건을 찾으려면 서랍장을 샅샅이 뒤져야 했다. 보기에도 너무 난잡해 보여서 시야가 답답했다. 정리를 하고 싶었지만 실천을 하지 못하고 있었다.

세계 최고의 정리 컨설턴트로『정리의 힘』의 저자 곤도 마리에는 정리를 하고 싶어지는 이유는 정말 방을 정리하고 싶은 것이 아니라 심리적으로 정리하고 싶은 다른 무언가가 존재하기 때문이라고 한다. 물건을 쌓아두는 것도 음식을 먹는 것도 채워지지 않는 욕구 때문이라고 말한다. 곤도마리는 정리는 빠르게 끝내는 것이 가장 좋다고 말하고 있다. 정리자체가 인생의 목적이 아니라고 말한다. 방 정리는 매일하는 것, 평생 해야 하는 것이라는 편견에서 벗어나야 한다고 말한다.

나는 새로운 마음가짐으로 내 자리를 정리하기 시작했다. 나는 곧장 버려야 할 것들 부터 모두 버렸다. 마음이 정말 홀가분해졌다. 확실히 효과가 있었다. 개인적으로 느낀 것은 정신적으로 덜 피곤하다는 것이 느껴졌다. 또한 무엇인가 새롭게 시작하는 느낌이다. 자리는 정리가 되었다. 하지만 내가 보기 싫은 사람들은 어떻게 해야 할지 고민이었다. 나는 행동력이 빠른 사람이라고 생각한다. 일단 내가 보기 불편한 사람들과 최대한 멀어지도록 다른 자리 주인에게 부탁을 해서 자리를 옮겨버렸다. 그것만으로 심리적 해방감이 커졌다. 홀가분했다. 하지만 그보다 더 큰 효과가 나타난 것은 보기 싫은 직장을 떠나갔을 때였다.

때로는 우리가 보는 모든 것이 스트레스가 되기도 한다. 우리는 모두 그런 시간을 원치 않을 것이다. 우리는 가끔 이기적일 필요가 있다고 생각한다. 일단 내가 행복해야 남의 행복을 기원해줄 수 있다고 생각한다. 사건사고의 피해를 본 사람들은 너무나 안타깝고 괜히 미안한 마음까지도 든다. 하지만 내가 어쩔 수 없는 상황인 것이다. 인터넷과 뉴스는 자신들의 이득을 위해서 안 좋은 정보만 하루 종일 내보내는 것일 수도 있다. 좋은 소식은 인터넷과 TV뉴스에 얼마나 많이 있을까? 가만 생각해보면 부정적인 뉴스가 대부분이다. 좋은 소식은 아예 나오지 않을 때가 많다. 전쟁, 정치, 살인, 강도, 성폭행 등 이런 일들은 사실 내가 살아가면서 경험하지 못할 확률이 더 높다. 뉴스에서 쏟아진 이런 일들은 30살 중반이 되어서까지 실제로 본 적도 없다. 다른 사람에게서 전달된 말들을 내가 상상한 것이다. 이것이 난 보이는 스트레스를 피해야 하는 이유라고 생각을 한다. 저절로 부정적인 상상을 하게끔 만드는 것이다.

하지만 우리는 이런 정보들에 너무나 익숙해져버렸다. 그래서 때로는 이기적일 필요가 있다. 안타까운 사건, 사고가 내 주위에 발생되면 그때 돕는 것이 현명하다고 생각한다. 남이 알아주지 않는 자신만의 착함으로 자신을 부정적인 소용돌이에 휩싸여 살도록 내버려두지 말자. 직장생활을 하면 우리는 자신이 보기 싫은 모습도 보면서 생활할 수 있다. 그래서 누군가 정해준 시스템을 바라보면서도 내 자신을 스스로 돌아보는 법을 잊어버렸다고 생각한다. 온전히 뉴스나 TV처럼 오너 한사람의 의식을 따라갈 뿐이었다. 시련을 견뎌낼 때는 모든 것이 아프게 보인다. 어떤 선택을 해야 될지 모를 때 선택의 순간이 스트레스가 된다. 이제는 우리 스스로 정보에 대한 기준을 갖고 선택하면서 불안감과 두려움에서 벗어나야 한다. 우리 모두 자신만이 볼 수 있는 꿈이 있다. 자신만 볼 수 있는 꿈에는 한계란 있을 수도 없고 누군가 정할 수도 없다. 당신의 인생에서 목표를 바라보았을 때 장애물에 가려질 수도 있다. 그 목표점이 안 보인다면 잠시 자리를 옮겨 새로운 각도로 바라볼 수 있는 지혜를 찾는 것도 방법이라고 생각한다.

2장

# 감정을 내 편으로
# 만들면 행복해진다

# 감정을 내 편으로
# 만들면 행복해진다

 나는 살면서 만났던 사람 중에 가장 미친 사람을 뽑자면 A과장을 말하고 싶다. 그는 내가 나름 연구한 결과 조울증이다. 증상을 가지고 있는 사람들을 깎아내릴 의도가 아니다. 조울증 해결 방법을 이야기하고자 하는 것도 아니다. 바로 그 A과장 때문에 내가 스트레스 받았던 감정을 어떻게 내 편으로 만들었는지에 관한 이야기이다.

 A과장의 업무 스타일을 말하겠다. 항상 아침은 무작위다. 극과 극이다. 정말 좋거나 정말 나쁘거나 둘 중 하나이다. 나도 덩달아 긴장을 한다. 자기보다 연배 높은 만년과장인 B과장이 있었다. 그들은 학교 선후

배 관계였다. A는 B과장에게 유독 깍듯이 대했다. B과장과의 담소를 나누면 세상 즐거워한다. 하지만 나는 눈치를 본다. 왜냐하면 언제 어떻게 발작이 일어날지 모르기 때문이었다. 예상이 들어맞았다. 누군가의 전화를 받기 시작하면 불과 30초 만에 기분이 급격하게 나빠진다. B과장과 담소를 나누면서 호탕하게 웃던 모습은 온데간데없어졌다. 다른 부서 직원과 언성을 높였다. 항상 있는 일이지만 이번에는 정도가 심했다. 하도 히스테리를 부려 다른 팀 직원들이 항의하는 바람에 다른 팀 팀장까지 와서 A과장에게 하소연을 하기도 했다. 하지만 사람은 한순간에 달라지지 않는다. 나중에는 다른 팀장들도 포기하는 수준이었다. 그렇게 화를 내고 씩씩대다가 갑자기 나를 부르면서 어제 뭐 했는지 빠르게 물어본다. 나도 즉시에 빠르게 대답을 해야 했다. 그 '갑자기'가 나를 미치게 했다. 어제 별일이 없었다. 나에게 특별한 일이라고는 집에 누워서 오늘 하루 A과장 때문에 기분을 잡쳤던 일을 곱씹는 일이었다. 첫 출근 날부터 A과장의 그런 모습을 보았을 때는 기선 제압 같은 행동인 줄 알았다. 차라리 그런 거였다면 정말 좋았겠다. A과장은 그냥 그런 사람이었다. 그렇게 하루하루를 보내면서 나는 엄청난 스트레스를 받았다. 사람들이 나를 보면서 갑자기 왜 이리 나이 들어 보이냐는 말까지 했다. 거울을 보니 나의 얼굴이 엉망이 되어가고 있었다. 나름 어려 보인다는 말을 많이 들어왔던 터라 나의 스트레스가 엄청나다는 것을 느꼈다. 이 지옥을 탈출하고 싶었다. 나는 그래서 운동에 집중했다. 효과는 어느 정도 있었다.

스트레스가 너무 심해 아예 생각이 안 나도록 복싱과 헬스, 두 가지 운동을 동시에 했다. 지금 생각해도 어떻게 했는지 모르겠다. 그렇게 숨을 헐떡이며 운동을 끝내면 그날 하루 있었던 스트레스가 잊히긴 했다. 그렇지만 그것은 큰 상처에 반창고만 붙이는 수준이었다. 복싱하면서 A과장의 얼굴에 한 대 갈기고 싶은 순간이 정말 많았다. 그렇게 해서 만약 A과장이 뇌에 충격을 받아 정상인으로 돌아올 수만 있다면 나는 경찰서에 가도 괜찮다는 생각까지 했다. 하지만 그것은 하면 안 되는 행동이었고 나의 망상으로만 끝이 났다. 나의 감정 상태는 A과장만 보면 피하고 싶고 뭔가 반항하고 싶은 마음뿐이었다. 하지만 나의 그런 감정 상태가 다르게 바뀌는 순간이 있었다. A과장은 우리 팀 C팀장을 굉장히 두려워했다. 정말 악마라도 본 듯이 경직되었다. A과장은 40대 중반이었고 나는 20대 초반이었다. 나이 차이도 많이 났다. 이 정도 나이차인데 그렇게 괴롭히고 싶을까 하는 생각도 많이 들었다. 나중에 알고 보니 C팀장과 A과장이 사수와 부사수 관계였단다. C팀장에게 내가 당했던 이상으로 당했다고 한다. 나는 그것의 대물림이었다. 한 가지 더 재미있는 것은 A과장과 친한 만년 과장 B의 예전 부사수가 C팀장이었다. 난 이 관계가 재미있었다. C팀장이 오랜만에 팀 회식을 제안했다. C팀장은 술을 참 좋아했다. 그날은 평소와 같은 평범한 회식이었다. 어느 지방의 좋은 회사 인사 총무팀 팀장은 그 권력이 국회의원 못지않다는 것을 느꼈다. 방문 판매부터, 은행 영업, 카드 영업 부탁이 쉴 새 없이 밀려들어왔다. 그래서 그들만의 왕국이 생기는 것이다. 회식 장소에 우리 회사에 영업을 해오던 D가 있었다. 그런데 C팀장과의 관계가 무슨 일 때문인지 틀어져서 감정이 많이 상한 상태였다. 하지만 D는 C팀장을 대놓고 싫어할 수 없는 일이었다. 보기 싫어도 아부를 해야 하는 입장이었다. 하지만 그런 불편한 관계는 A과장만 알고 있었고 빨리 자리를 뜨려는 것을 다른 직원들이 붙잡아 다시 앉힌 것이다. 눈치를 보고 기운이 이상하니 도망가려다 잡힌 것이다. 갑자기 많은 안주가 우리 테이블에 놓였다. D가 C에게 아부를 떨려 C팀장에게 우리 팀 테이블에 비싼 안주들을 마구 시킨 것이다. 아무것도 모르는 나와 직원들은 박수를 보냈다. 하지만 C팀장은 기분이 나빴는지 큰소리로 주문을 했다. '저쪽 테이블에 여기 메뉴판에 있는 안주 다 보내주세요!' 그냥 아무것도 모르고 보면 이것은 상부상조하고 굉장히 좋은 분위기였다. 하지만 사정을 아는 사람들이 보면 피나는 자존심 싸움이었다. C팀장은 계속 기분이 안 좋았나 보다. 나는 바로 앞에 앉아 있으면서도 몰랐다. 자리가 마무리되었다. A과장은 C팀장을 택시로 모셨다. 하지만 모시는 길에 C팀장은 편치 않으셨나 보다. 이러쿵저러쿵 하더니 A과장의 머리를 심하게 내리쳤다. A과장은 다시 회식 자리에 들어오면서 씩씩 대면서 말했다. 내가 나이가 몇인데, 나도 자식이 둘이나 있는데, 나와 안 지가 언제인데, 이렇게까지 당해야 하냐면서 씩씩대기 시작했다. 회식 자리는 그렇게 얼마간 있다가 급하게 마무리가 되었다. 다음날 출근을 하면서 나는 슬슬 걱정되었다. 오늘은 얼마나 또 내가 옆에서 피해를 보게 될까 하는 생각에 정말 출근하기가 싫었다. A과장이 옆자리에 앉았다. 역시나 씩씩댄다. 혹시나 했더니 역시 아니었다. B과장에게 오자마자 하소연을 한다. 당시 회식 자리에 B과장은 없었다. 역시 자신의 감정을 이해해줄 사람은 B과장뿐이었다. B과장은 호응을 해준다. 하소연은 끝이 날 줄 몰랐다. B과장은 끝까지 들어주었다. 이내 A과장은 호탕하게 웃기 시작한다. 갑자기 일상이 즐거워졌다. 전화를 받는 목소리도 경쾌해졌다. 갑자기 나에게 이상한 감정이 들기 시작했다. A과장이 정말로 불쌍해지기 시작한 것이다. 나의 감정이 분노에서 연민의 느낌으로 바뀌었다. 그 감정이 갑자기 왜 생겼는지 모르겠다. 아무래도 A과장의 인생 이야기를 들은 기억이 떠올라서였을 것이다. 종종 내게 자신의 어린 시절을 이야기했다. 그도 나처럼 가난하게 살았던 이야기를 들려주었다. A과장은 나와 같은 나이에 회사에 입사해서 아무도 없는 사무실에서 혼자 남아 서류를 정리했다. 일을 그만두고 싶어도 그만두지 못하는 신세 때문에 눈물 흘리는 일이 많았다고 말했다. 나와 비슷한 처지라는 생각이 들었다. 그렇게 혼자 남아 울었던 젊은 사람이 시간이 흘러 가장이 되고 다른 인격을 심은 것이 아닐까 하는 느낌을 받았다. 그 이후 A과장의 잔소리를 들을 때 정말 신기하게도 분노보다 불쌍하다는 감정이 더 많이 들었다. 그래서 한 귀로 듣고 한 귀로 흘리는 것이 가능해졌다. 불쌍하다는 감정이 분노를 밀어내게 되니 펀치 한 방 날리고 싶다는 생각도 안 들었다. 저렇게 늙고 싶지 않다는 생각도 강하게 들어

동기부여까지 되었다. 그 후 다른 곳으로 이직을 할 때까지 초반에 받았던 것보다 스트레스가 많이 줄어든 상태로 이직할 수 있었다.

　이것은 철저히 나의 감정 이야기이다. 전문적인 견해 따위는 없다. 이게 다른 사람에게 맞는 방법인지도 모른다. 나는 이런 감정의 전환으로 효과를 많이 보았다. 부정적인 감정이 자주 찾아오는 것은 업무 스트레스가 과다한 직장인들에게 어찌 보면 당연하다. 나도 감정 상태를 바꾸려고 별짓 다 해봤지만 오히려 부정적인 감정을 키울 뿐이었다. 오늘 배운 복싱 기능을 A과장에게 어떻게 써먹을지 고민하고 거울을 보면서 섀도복싱을 할 때 A과장을 두들겨 패는 생각을 해서 잠깐 나아지곤 했다. 하지만 실제로 그럴 순 없는 일이다. 어쩌겠는가? 나는 월급쟁이에 돈을 벌어야 하는 처지고 사람은 절대로 바뀌지 않는다는 것을 이젠 안다. 그렇다면 그 사람으로 인해 갖게 되는 나의 감정 상태를 바꿔보는 것도 좋은 방법일 것이다. 내가 가진 감정 중에 가장 위험한 감정은 분노의 감정이었다. 우리 같은 직장인들은 분노 자체를 푸는 방법이 특별하게 없는 것이 사실이다. 그 분노가 우울감으로까지 전염된다. 직장생활의 분노 감정은 정말 일반적이다. 나처럼 한 번 펀치를 날리려고 벼르고 있던 사람들이 많을 것이다. 하지만 어쩔 수 없이 버텨야 하는 게 현실이다. 또 이직했다 한들 또 다른 누군가에게 분노할 확률이 거의 99%이다. 그럼 상대와 대화를 할 때 일어나는 감정을 자신만의 방법으로 다른 감정으로 바꾸는 연습을 해보자. 그 방법으로 나는 동기부여를 받았다. 그리고 이직을 할 수 있는 원천이 되어서 행동을 빠르게 할 수 있었다. 다른 사람의 감정에 휘둘려 자신의 감정을 쓰레기통에 버리는 미련한 사람이 되지 말자. 왜냐하면 나의 감정이 다른 사람의 감정보다 우선시되어야 하기 때문이다. 그래야 비로소 감정을 내 편으로 만들 수 있다.

# - ㄹ -

# 스트레스는 감정이
# 보내는 신호이다

우리의 직장은 삶 전체에서 큰 부분을 차지한다. 그래서 어떤 이유에서든지 자신의 감정을 최대한 절제하면서 많은 사람이 살아가고 있다. 화병이라는 말이 있다. 이것은 우리나라에만 있는 언어이다. 마음의 병이 많은 사람이 우리나라에 많다는 것을 뜻한다. 자신의 감정을 표현 못하다 보니 스트레스가 많아 마음이 병들어간다. 우리가 받은 교육은 어떤가. 내가 초등학교 때 화장실에 자주 가는 동창생이 있었다. 그런데 선생님이 이제는 안 된다고 야단을 치는 바람에 소변을 앉은 상태로 본 적이 있다. 하지만 이런 상황은 옆 학교나 다른 학년에서도 심심찮게 발생했다. 우리는 이렇게 배설행위도 허락을 받아야 하는 교육환경에서 자랐다. 그렇게 커가면서 자신의 감정을 숨기는 것쯤은 익숙해졌다.

직장생활은 어떨까. 기분이 나쁜 것을 숨겨야 하는 상황은 언제든지 있다. 불합리한 상황이 생기더라도 이것은 원래 통상적으로 하던 일, 당연한 일이라는 식으로 그냥 넘기기 마련이다.

B과장은 만년 과장이지만 회사 내에서의 힘은 강력했다. 정년퇴직을 2년 남겨둔 상황에서 인사 조치를 당해 내가 있는 부서로 발령이 났다. 다른 공장에 있는 상무의 눈 밖에 나서 우리 쪽으로 넘어오게 된 것이다. 하지만 B과장의 동기들이 회사 내의 전무나 주요 임원직을 하고 있었던 터라 상무가 할 수 있었던 것은 인사 조치뿐이었다. 특별히 다른 압박은 없었다. B과장은 말 그대로 막무가내 정신이 강했다. 자신의 상사를 다른 곳으로 발령시켰다며 젊은 시절, 사장과 주먹다짐을 했던 것은 전설적인 일화이다. 그는 집안 배경도 좋았고 학벌도 좋았다. B과장이 남을 수 있었던 유일한 이유는 회계학을 전공해서 내부 비리를 많이 알고 있었기 때문이라는 것이다. 아무튼 발령 온 B과장을 모셔야 했다. 다른 부서에 있던 동기가 나에게 신신당부를 했다. 당뇨가 심해서 아침에 초코파이를 드셔야 한다고 했다. 그래서 매일 아침 그것을 대령하라는 것이었다. 정말 나는 미쳐버리는 줄 알았다. A과장과의 관계에서도 힘이 들어 미칠 지경인데 우리 회사의 전설인 B과장까지 수발을 들어야 하는 이

런 상황이 도무지 믿기질 않았다. 별수 없었다. 회사 내에 세력이 많은 B과장이었다. 나는 아침마다 초코파이와 두유를 대령했다. 그것도 자리에 앉으면 자신이 보는 데서 줘야 엄청나게 좋아한다고 동기가 말해주었다. 그래서 그렇게 해주었다. 나는 그래도 B과장이 나를 챙기면 다른 부서 사람들이 날 만만히 보지는 못하겠다는 생각을 했다.

나는 당시 총무 일을 했기 때문에 수첩 하나, 볼펜 하나 달라는 부탁 전화를 수없이 받았다. 무슨 문구점 사장 같았다. 당시 막내였던 나는 차마 받으러 오라는 말을 하지 못해 일일이 전달을 해주는 처지였기에 B과장과 친해진다면 이것을 해결해주기를 바랐다. 그는 나를 확실히 챙겨주기는 했다. 너무 나를 감싸는 게 심해 다른 팀에 큰소리로 야단을 치기도 해서 내 기는 살려줬지만 나중에는 내가 전달해주는 게 속이 편했다. 그렇게 몇 달 동안 초코파이를 바쳤다. 내 일과여서 나중에는 점점 익숙해졌다. 하지만 문제는 B과장의 음식 스타일이었다. 아들뻘이었던 나를 잘 챙겨주려 하는 것은 좋았다. 하지만 같이 회식을 하면 당뇨도 있고 치아가 안 좋았던 B과장이 먹는 것은 항상 가리비였다. 가리비는 생각보다 값이 나가는 음식이다. 그래서 처음에는 비싼 음식을 먹어서 좋았다. 하지만 어떨 때는 일주일에 세 번에 걸쳐 간 적도 있다. 그러니 이젠 가리비만 봐도 구토가 쏠렸다. 너무 많이 먹어서 이제 가리비는 쳐다보지도 않는다.

아무리 내가 나이가 어리고 첫 직장생활이었다고는 하나 나의 감정에는 비참함이 있었다. 하지만 그 신호를 내가 무시했다. 자존심을 숨겨가면서 초코파이를 대령하는 모습은 마치 신하가 왕에게 음식을 전달하는 모습 같았다. 어떨 때는 나에게 동기가 아침에 확인 전화까지 했다. B과장에게 초코파이를 전달했는지…. 사실 지금 생각해보면 뭔 짓거리를 한건지 도무지 모르겠다. 내가 퇴직한 후 연락 한 번 없었다. 그렇게 날 챙겨줬지만 이직하면 끝인 인연이었다. 그래서 사실 내가 내 감정에 대한 신호를 무시하지 않고 하루쯤은 거절하면 어땠을까 하고 생각을 해보았다. 그런데 막상 내가 또다시 같은 직장생활에서 감정을 숨기는 일이 가능할까 하는 의구심이 들었다. 힘들다는 게 내 결론이었다. 그것은 우리나라의 이상한 문화였던 것이었다.

"자기 자신의 감정을 믿지 마라. 감정은 자기 자신을 속이는 수가 있다."

– 석가모니

석가모니는 종교적 존재이다. 그런 존재조차도 자신의 감정을 믿을 수 없다고 말할 정도로 자신의 감정을 알아차리는 것은 그만큼 힘든 일이라는 뜻이다. 우리는 자신의 감정에 솔직해질 필요가 있다. 나는 내 감정을 무시한 채로 부당하다고 생각했던 일을 원래 사회생활에 필요한 기능이라며 나 자신을 속였다. 하물며 이런 내가 직장생활을 잘하고 있는 FM 직원이라는 생각에 뿌듯함도 잠깐 느끼기도 했다. 하지만 그것은 나의 감정과는 반대로 작용하는 일이라서 나에게 스트레스로 다가왔다.

나의 친구 A에 대해 이야기를 하고 싶다. A는 젊은 나이에 카페에 뛰어들었다. 그는 최근에 고민이 생겼다. 코로나의 상황으로 인에서 카페의 손님이 뚝 떨어졌다는 것이다. 버티고는 있지만 언젠가는 다른 일을 해야 하지 않을지, 다른 일을 할 수 있을지 두려워했다. 코로나로 인해 매출도 뒤죽박죽이었다. 그는 전화 통화로 한숨만 나온다고 했다. 스트레스 때문에 잠을 자지도 못해서 몸 상태는 항상 엉망이라는 것이다.

미래가 보이질 않는다고 말하고 있었다. 자신이 우울증인 것 같다고 했다. 그는 장사를 접고 싶었지만 없는 모습을 자신의 아내에게 보이고 싶지 않다고 했다. 사실 그는 코로나가 터지기 전부터 다른 사업을 하고 싶어 했다. 돈도 꽤 모아서 다른 것을 구상하고 있는 중에 이 사달이 난 것이었다.

전형적인 코로나 블루였다. 코로나 블루란 전 세계를 강타한 코로나바이러스 때문에 자유롭지 못한 활동으로 인해 생긴 우울증을 말하는 것이다. 자신이 보고 싶은 사람들을 마음껏 만날 수도 없고 취미나 여가생활도 마음대로 할 수가 없게 되었다. 그러다 보니 사람들은 마음속 병이 난 것이다. 또한 A처럼 경제적인 타격을 입은 상황이라면 그 속도는 더 빨라진다.

언제 마스크를 안 쓰고 다녔는지 이제는 기억이 가물거리는 상황이다. 나는 현재까지 손 소독제를 챙기지 않으면 마음이 불안하다. 그런 상황에서 자신의 감정을 추스르는 일은 어렵다. 자신만의 노력으로 자신의 감정 상태를 확인해보는 것이 필요한 시기이다.

우리들은 스트레스를 받지 않기를 원한다. 하지만 그 스트레스의 원인이 자신의 감정 상태인 것을 잘 모르는 경우가 많다. 스트레스는 자신의 몸을 지키는 진화의 결과라는 연구도 있다. 그렇다면 우리의 몸은 스트레스를 받게끔 설계되었다는 것이다. 그렇다면 자신의 감정은 어떨까.

미국의 건강 심리학자 켈리 맥고니걸 저자의 『스트레스의 힘』이라는 책에서는 스트레스에 관한 아주 흥미로운 연구 결과가 나온다. 스트레스가 건강을 해친다는 인식은 너무나 일반적이었다. 하지만 계속 연구를 하던 맥고니걸은 새로운 사실을 발견한다. 바로 스트레스가 정말 건강에 해를 끼친다고 믿는 사람들만 사망률이 높아졌다는 것이다. 그와 반대로 스트레스가 해를 끼치지 않는다고 믿는 사람들은 사망확률이 높아지지 않았다는 것이다. 이것은 우리의 감정 상태가 어떻게 스트레스에 영향을 주는지 잘 알려주는 연구라고 생각한다. 스트레스가 오는 환경은 많다. 또 그런 상황에 반응하는 각자의 방식 또한 다르다. 하지만 자신의 감정 상태를 스트레스에 영향을 받지 않는 감정 상태로 놓아두는 것이 우리가 행복하게  살 수 있는 한 방편일 것이다.

- ㅋ -

# 이제부터 감정에
# 솔직해지자

첫 직장을 퇴사한 후 다음 회사로 이직을 했다. 그곳은 인턴 사원을 떨어트리기로 유명한 A회사였다. 나는 최선을 다했다. 50%의 확률로 합격여부가 결정이 되어서 같은 조직 사람들에게 잘 보이려고 최선을 다했다. 인턴 기간은 3개월이었다. 힘든 일도 마다하지 않았다. 엔지니어 업무였기 때문에 각종 기계장치에 들어가는 부대 장치가 많이 있었다. 그것을 빠르게 나르기 위해서 최선을 다하는 모습을 보였다. 상자를 하나 옮길 때도 나는 2개씩 옮기면서 다른 경쟁자보다 빠르게 했고 나는 점점 더 인정을 받았다. 나와 경쟁 상대였던 B가 있었다. 그래서 나는 내심 B가 빠르게 포기하기를 원했다. 그래야 내가 정직원이 될 수 있기 때문이었다. 지금 생각해보면 참 나도 그렇고 B도 그렇고 쓸데없는 짓을 한 것이었다.

결국에는 B가 인턴 생활을 버티지 못하고 한 달 있다가 퇴사를 했다. 나도 사실 약간의 미안함은 있었다. 하지만 나도 살기 바빴기 때문에 그런 미안함은 금세 잊어버리게 되었다. 결국에는 떨리는 마음으로 2차 면접을 보았고 나는 합격을 했다. 정말 숨통이 트이는 것 같았다. 이제는 두 다리 쭉 뻗고 살 수 있을 것 같았다. 하지만 인턴이 끝나고 난 후 한 달이 지났지만 무엇이든 많이 변할 것이라는 나의 예상은 빗나갔다. 단지 월급통장에 찍힌 숫자는 잔업과 특근을 한 만큼의 추가 일당을 반영한 것이었다. 너무 허무하고 미래를 어떻게 설계해나가야 하는지 불안했다. 이대로는 여유 있는 삶을 살아가는 것이 불가능하다고 느끼고 있었다. 하지만 내 주위에는 조언해줄 수 있는 사람이 없었다.

나는 그렇게 정직원이 되었지만 마음은 편하지 않았다. 그런데 나의 선배 C사원이 나에게 혹시 돈 버는 거에 관심이 많냐고 물었다. 나는 부자가 되고 싶은 욕구가 강했던 사람이고 또 이직을 힘겹게 했다. 하지만 월급은 별로 다를 것이 없어 절망하고 있던 상태였다. 나는 C에게 어떤 정보가 있냐고 물었다. C는 그럼 주말에 시간이 될 때 나와 함께 어디를 가자고 했다. 그래서 나는 따라나섰다. 어떤 건물의 회의 장소에서 양복을 잘 차려입은 신사가 나에게 악수를 청했다. 바로 C의 지인 D였다. 나는 D의 PPT를 들으면 들을수록 거기에 빠져들게 되었다. 그렇다. 바로 다단계였다. 나는 이것저것 가릴 처지가 아니었기 때문에 다단계가 나쁘든 말든 상관 하지 않을 마음이었다. 어떻게든 이 상황에서 탈출할 것이 필요했기 때문이다. D는 사업을 했는데 IMF가 터져 젊은 나이에 그 당시 2억이 넘는 빚을 지게 되었단다. 삶의 의미를 잃어버린 D는 자살을 결심했다. 죽기 전 그는 세계여행이라는 버킷리스트를 실현시키고 생을 마감하려고 남은 돈 200만 원을 들고 세계여행을 다녔다고 한다. 그 후 그의 인생은 180도 달라졌다. 70억 자산가가 된 것이다. 나는 사실 다단계도 처음이었지만 내 앞에 70억이 있는 사람을 본 것도 처음이었다. 그래서 신기하기도 했다. 다른 사람들이 속속 도착했다. 알고 보니 그의 지인들을 초청해서 강의를 연 것이다. 이미 다단계에 가입이 되었던 이들이 대부분이었다. 피라미드 꼭대기에 설 수 있으면 부자가 된다는 D의 말에 우리는 하나의 종교가 되었다. 피가 솟아나 폭발할 것 같았다. 그냥 부자가 된 기분이었다. 나중에 안 사실은 우리가 아는 다단계에 재산이 있는 사람들도 상당히 많이 뛰어든다는 것이었다.

나는 공짜로 성공의 법칙을 안 기분이었다. D는 PPT자료를 만들어서 나에게 보여주었다. 이것으로 나는 정말로 성공하고 싶었다. 나는 직장 동료나 친구들, 친인척들에게 이 사실을 알려주었다. 하지만 돌아온 대답은 모두 '아니'라는 것이었다. 하지만 이것은 어느 정도 예상했던 결과였다. 왜냐면 이런 예상까지 D에게 철저하게 교육 받았기 때문이다. 하루에 5명을 만난 적도 있었다. 역시나 모두 거절을 당했고 급한 성격 탓에 전화로 다단계 상품을 소개하면 안 된다는 공식을 깨고 선배와 후배 또는 친구들에게 마구잡이로 전화를 돌렸다. 그 때문에 많은 인간관계가 정리되었다. 하지만 그 역시도 예상을 했다. D의 교육 때문이었다. 상관없었다. 나는 곧 있으면 30대가 되는 나의 삶에 불안감이 있었고 그 전에 무언가를 이루고 싶은 욕망이 가득했다. 또 D의 성공담에도 무언가의 새로운 도전을 망설이는 사람이 곁에 있다면? 굉장히 힘들다는 말이 있었다. 그의 말이 하나둘 맞아 들기 시작하면서 나는 D를 더욱더 믿게 되었다. 부가적으로 정직원이 얼마 되지 않은 막내였던 내가 C와 친해지는 계기가 되어 나에게도 직장에 인맥이 생겼으므로 나쁘지는 않았다. 하지만 공짜는 아니었다. 월마다 나가는 돈은 정해져 있는 구조였다. 하지만 내가 받는 월급에서 충당할 수 있는 부분이었기 때문에 상관없었다. 나는 빨리 무언가를 이루고 싶은 마음이 컸기 때문이었다.

계속 실패만 해서 짜증이 났다. 왜 내 주위에는 직장생활만 바라보고 월급만 바라보는 사람이 많은지 나의 배경이 원망스럽기도 했다. 네트워크 마케팅을 하면서 금전적인 손해를 많이 보았다. 하지만 지금 생각해보면 내가 직장생활을 탈피하려고 했던 선택은 꽤 괜찮았다고 생각한다. 첫째, 직장인보다 부를 이룬 사람들이 많이 한다. 둘째, 다양한 마케팅 방법을 공짜로 알려준다. 셋째, 수익이 안 나더라도 많은 인맥을 만들 수 있다. 넷째, 한두 명이라도 나와 뜻이 맞는 사람을 피라미드 바로 밑에 두면 인생이 역전될 수도 있다. 다섯째, 나는 이 부분이 가장 중요하다고 생각한다. 내 주위에 도전정신이 있는 사람들과 없는 사람들이 구분이 된다. 확실한 인맥에 선긋기가 가능하다. 내 나름대로 가장 큰 장점을 정한 것이다. 나는 장점이 더 많다고 긍정적으로 생각하고 있던 찰나에 C는 D로부터 제안을 받았다고 했다. 바로 우리가 하는 초기 다단계 상품에 관한 피라미드 창시자의 세미나가 홍콩에서 개최 된다는 것이었다. 그래서 우리는 홍콩으로 달려갔다.

나의 첫 해외여행이었다. 내가 그전까지 비행기를 탄 것이라고는 수학여행 때 제주도를 간 것뿐이었다. 아시아의 중심에 간다는 생각에 벌써 성공자가 된 기분이었다. 우리는 홍콩 국제공항에 가까운 세미나 장소로 이동했다. 우리나라 가요시상식도 많이 열리는 공개홀에 홍콩뿐 아니라 말레이시아, 태국, 인도네시아에서 온 사람들로 큰 홀이 가득 찼다. 나는 어마어마한 크기에 압도가 되고 말았다. 나는 정말 아무것도 모르고 살았다는 생각을 했다. 우리가 하는 상품에서 인생을 역전한 사람들의 사례를 들을 수 있었다. 나도 어서 빨리 저들처럼 되고 싶었다. 하지만 나의 그런 열정은 어떤 문제 때문에 곧 식을 수밖에 없었다.

홍콩에서 좋은 기운을 받고 한국으로 돌아왔다. 그런데 D에게 이런 말이 들어왔다. 우리가 월에 내는 회비가 늘어났다는 것이다. 정확히 말하면 우리가 가지고 있는 멤버십을 업그레이드를 해야 보상이 더 많다는 것이다. 또 데려와야 하는 회원의 숫자도 더 많아졌다. 나는 기분이 몹시 나빴다. 나는 지금 보다 더 여유 있게 살고 싶었다. 또 직장을 언젠간 탈출하리라는 희망 때문에 가족과 친척들에게 쓴 소리를 들어야 했고 내가 아는 친구와 지인들은 아예 연락이 끊긴 사람들까지 많았다. 하지만 나는 성공을 위해서라면 그 정도는 참을 수 있었기 때문에 즐겁게 한 일이었다.

그런데 두 개의 직장을 다니는 기분이었다. 가입되어 있는 멤버십을 탈퇴하고 싶었다. 하지만 C와의 관계가 틀어지는 것을 염려해서 나는 8개월을 더 버티다가 C에게 탈퇴하고 싶다고 말했다. 하지만 C의 반응은 의외로 무덤덤했다. 그냥 그러라는 것이다. 나의 고민은 정말 쓸 데가 없는 것이었다. 8개월 동안 그 정도의 돈을 모았으면 컴퓨터를 높은 사양으로 바꿀 수 있는 정도의 금액이었다. 내가 비행기 값을 내고 그 사람들과 모임에서 지출한 비용들을 따지면 훨씬 더 큰 금액이었다. 그렇게 나는 나의 감정에 솔직하지 못하고 속으로만 끙끙대다가 뒤늦게 말을 한 것이다. 나는 그 일을 계기로 직장생활에서 감정에 솔직해지자고 다짐을 했다.

'위대한 사회는 평등한 사회다. 노동자를 무시하면 안 된다.'라고 정주영 회장은 말했다. 한때 우리나라 1위의 부자였던 그가 한 말이다. 가난한 흙 수저 출신으로 대한민국 최고의 부자가 된 사람이 노동자를 무시하면 안 된다고 하였다. 하지만 현실은 어떤가. 노동자를 무시하는 사회 시스템은 너무나 많다.

# 감정의 대부분은
# 무의식에서 나온다

　나는 호기심이 많은 사람이라고 생각한다. 나는 어린 시절부터 왜 학교에 쓸데없이 앉아 있어야 하고 주말에는 어머님의 말대로 교회에 가야 하는지 궁금해했다. 커서는 군대에 가야 했고 다음에는 직장에 가야 했다. 생각을 해보면 이런 조직에 왜 가야 하는지 설명조차 듣지 못하고 그냥 가라고 하니까 간 것이다. 그것은 우리 부모님 세대도 마찬가지다. 특별히 왜 해야 하는지 모른다. 그냥 아무 생각 없이 조상 대대로 했던 방식들을 따라온 것이다. 나는 직장 교육 시간에 매슬로우의 '인간 욕구 5단계 이론'을 보게 되었다. 평범하게 살기 싫었던 나에게 일어났던 감정들은 이 매슬로의 인간 욕구에 따른 무의식적 행동이었다.

매슬로는 1900년대에 일곱 형제의 첫째로 태어났다. 부모들은 이민자 출신이었다. 그들은 자식의 교육에 힘을 썼다. 그는 어린 시절 동네 또래들과 어울리지 못했다. 혼자 유대인이라는 이유였다. 그래서 자신의 내면세계를 돌아볼 기회가 많았다. 그리고 결국 위대한 심리학자가 되었다.

그가 말한 1단계 욕구는 인간에게 가장 기본적으로 깔린 단계이다. 인간에게 필요한 식욕이 기본이라고 한다. 많은 사람이 이 1단계가 힘겨워 다음 단계로 넘어가지 못한다. 사실 우리의 무의식은 이런 것이 인간의 생명을 유지하기 위한 가장 강력한 것임을 알고 있다.

나도 사실 가정형편이 넉넉하지는 않았다. 그래서 이직을 할 때 특히나 더욱더 두려움이 따랐다. 당장 내가 생활할 수 있는 여건이 안 되었기 때문이다. 다른 직장에서 조금 돈을 모았더라도 그것은 쓰기만 하면 없어지는 돈이었다. 항상 나도 모르게 무의식에 따라서 생명을 유지하려고 직장에 꾸역꾸역 나가게 되었다. 잠자리를 해결할 수 없다는 두려움이 나를 지배하게 되었다.

2단계 욕구는 안전과 안정의 욕구다. 어느 정도 직장에 적응해나가면서 지금 다니고 있는 직장에서 월급을 받아 안전과 안정을 취하고 싶다는 욕구가 생긴다. 그럼 나는 내가 하는 고민을 더 하지 않아도 될 것 같았다.

3단계는 소속의 욕구이다. 직장생활을 하다 보면 일주일에 한두 번쯤 맛있는 음식을 먹을 수 있는 정도의 월급을 받는다. 1단계의 욕구가 해결되면 다음에는 2단계의 자신이 어딘가에 소속되고 싶은 욕구가 생긴다는 게 메슬로우의 의견이다. 나도 이직을 할 때 잠시 공백 기간이 있었다. 처음으로 마주한 그런 공허함이라고 할까. 너무 우울했다. 세상이 날 필요로 하지 않는 것 같았다. 또 일하지 않는 나 자신을 보면서 내가 너무 한심해 보이기도 했다. 그래서 다른 곳의 합격발표가 났을 때는 10년 묵은 체증이 다 내려간 것만 같았다. 사실 취업 고민 탓에 극단적인 선택을 한 사람이 많다는 것은 뉴스를 보면 알 수 있다. 하지만 그들이 굶어죽을 위험 때문에 그런 선택을 한다고는 생각하지 않는다. 자신이 소속되지 못해서 이 세상에 필요 없는 사람이 되었다고 생각되기 때문에 그런 선택을 하는 것이다.

4단계는 존중의 욕구이다. 직장생활을 하다 보면 자신이 인정을 받기 위해서 서로 시기하거나 질투를 하기도 한다. 또 직장 상사에게 인정을 받기 위해서 아부를 떨게 된다. 그리고 더 나은 보고서를 만들기 위해 밤을 새우기도 한다. 나는 신입사원 시절에 회의 자료를 만들기 위해서 새벽 3시에 나와서 보고서를 작성한 적도 있다. 많은 사람은 SNS를 통해 예쁜 음식과 디저트 사진을 올리면서 자신을 고급스럽게 포장을 하고 멋진 얼굴과 몸매를 가꾸기 위해서 많은 돈을 지불하기도 하고 성형수술로 얼굴을 고치기도 한다. 이런 것들은 우리에게 흔한 일상이 되었다.

5단계는 자아실현 욕구이다. 자신을 개발하려고 하는 끝없는 욕구로 인해서 자신의 꿈을 찾아 나서는 사람들이라고 한다. 나는 부자가 되고 싶어서 자기계발에 투자를 아끼지 않았다. 직장 외의 수입을 만들고 싶었기 때문이다. 그래서 유튜브 시대에는 유튜브 학원에서 영상 편집을 배웠고 이모티콘 사업이 활성화가 되었을 때는 그것 또한 학원에 가서 배웠다. 또 지금은 책을 씀으로써 나의 미래를 바꿔나가기 위해 노력하고 있다.

대부분의 사람은 4단계에 멈춰 있다고 한다. 그러므로 다른 사람들에게 인정받기 위해서 고군분투하며 살아가고 직장을 쉽게 빠져나오지 못한다. 그럼 4단계에 머무는 이유는 무엇일까? 나는 학습된 무의식이라고 생각한다. 우리는 항상 직장에 출근하면 기분이 안 좋다. 의식적으로는 직장이 싫은 것인데 그보다 우리의 뇌 대부분을 차지하는 무의식 때문에 직장에 출근을 한다. 대부분이 자아실현을 꿈도 꾸지도 못하는 이유이다. 우리들의 부모 세대는 우리나라 경제가 가장 성장했을 시기에 젊은 시절을 보냈다. 그러므로 어느 기업에 잘 입사만 한다면 정년까지는 보장이 되는 시기였다. 집값도 적당했고 경쟁 사회가 아니었기 때문에 한국인 특유의 정이 있었다. 하지만 우리가 사는 시대는 그렇지가 않다. IMF 이후 비정규직이 활성화되면서 진즉에 평생직장이라는 단어는 없어졌다. 평생직장이라고 쳐도 문제이다. 직장에서의 평생은 60살까지이다. 그마저도 쉽지 않다.

꽤 오래전에 본 유튜브 영상에 사람처럼 걸어 다니는 로봇이 있었다. 백텀블링은 기본이고 물구나무서기도 한다. 또 동물모형의 로봇이 말과 똑같이 달린다. 나는 이제 과학의 발전이 내 생각보다 더 많이 발전했다는 생각으로 신기하게 동영상을 봤다. 그 기억이 잊힐 무렵 작년 12월에 나는 놀라운 뉴스를 봤다. 우리나라 굴지의 자동차 그룹이 로봇기술을 가진 기업을 인수했다는 것이었다. 나는 그것을 보면서 우리나라의 성장에 대한 기쁨보다 나의 미래에 대한 걱정이 앞서게 되었다. 엔지니어 생활을 하는 나는 로봇이 나의 일자리를 뺏어가진 않을까 하는 걱정이 앞섰다. 나는 60살까지 한 직장에 있는 것은 불가능하다는 것을 느꼈다.

엔지니어 생활을 할 때 같은 팀에 두 명의 정년퇴직자가 나왔다. 그들은 정년퇴직할 수 있는 것이 축복이라고 말하고 있었다. 우리 팀은 월마다 회식을 하는 모임이 있었다. 그래서 정년퇴직자들과도 만나는 일이

잦았다. 그들은 처음 6개월 동안은 속이 후련하다고 했다. 하지만 점차 우울증이 온다고 했다. 그 공허함은 이루 말할 수 없는 것이라고 했다. 나는 나의 미래가 암담했다. 저들처럼 누구에게 나의 삶을 맡기고 싶지는 않았기 때문이다.

그들이 나에게 한 조언이 생각이 난다 '여긴 좋은 회사니깐 딱 붙어 있어라.', '열심히 저축해서 집사고 장가가야지.' 이런 말들을 수도 없이 들었다. 하지만 그 말은 나에게는 희망 고문이었다. 월급 저축으로 아파트를 사는 것은 이제는 거의 불가능에 가깝다. 또 그들처럼 정년퇴직을 할지 말지도 모르겠다. 자신들 존재 자체가 나에게는 암담한 미래를 보여주는 것이라고 깨닫지 못하는 듯했다. 그들도 IMF 시대를 버텨온 세대들이다. 그런데 나는 한 가지 의문점이 들었다. 그런 경제 위기가 왔음에도 그들은 정년 이후 저축과 퇴직금만을 바라보면서 살아온 것은 나로서는 이해가 되지 않았다. 그들은 그들이 어린 시절부터 무의식에 따른 감정 상태에서 회사생활을 한 것이다. 매슬로가 말한 자신의 모든 욕구를 직장에 쏟아부었던 것이다. 그래서 퇴직 이후에는 마음의 공허함을 달래기 위해 집에 들어가지도 않고 전국을 돌면서 낚시에만 몰두하였다.

우리는 무의식에 집중할 필요가 있다. 나는 끌어당김의 법칙을 하기 위해 노력했지만 잘 안 되었을 때 그 이유가 무의식의 문제인 것을 알았다. 살다 보면 나도 모르게 흡수되었던 사회적 인식들이 나의 감정을 혼란스럽게 만든다. 그런 부작용을 방지하기 위해서는 자신의 무의식을 깊이 들여다보는 훈련이 필요하다.

# - 5 -

# 부정적인 생각이
# 나의 감정을 갉아먹는다

 부정적인 생각은 얼마나 나의 감정을 갉아먹을까? 사실 우리가 하고 있는 생각 대부분이 부정적인 생각이다. 아침에 일어나서 상쾌한 날이 얼마나 되었는지 기억조차 나질 않는다. 일어나서 출근 시간에 늦을까 봐 부정적인 생각이 든다. 길이 막히지 않을까 하는 부정적인 생각이 떠오른다. 회의를 할 때 깨지진 않을까란 고민을 한다. 회의를 마쳤으면 그것으로 기분이 좋아져야 한다. 하지만 할 일은 너무나 많다. 조직사회에서 회사의 공지사항은 실시간으로 나를 압박한다. 직원들은 서로 경쟁을 하는 입장이어서 한시도 긴장을 늦출 수 없다. 인간관계도 잘 맺고 싶어서 아부도 하고 기분도 맞춰준다. 상사가 기분이 좋지 않을까 봐 항상 상사의 표정을 주시하면서 살아간다.

초등학교 6학년 때의 일이다. 나는 우연히 집에서 비발디의 〈사계〉 중 〈봄〉이라는 클래식 음악을 들었다. 처음 느끼는 감정이었다. 말로 형용할 수 없는 느낌을 받았다. 우연찮게 집에서 굴러다니던 CD를 아버지께서 한번 틀어본 것이다. 아름다운 선율에 나는 매료되었다. 그때 우리 집에 음악 CD가 있다는 것을 신경 쓰지 않고 있었다. 나중에 알고 보니 자동차를 운전하실 때 클래식을 자주 들으시던 고모부께서 CD의 주인이셨다. 우리도 들어보라면서 집에 놓고 가신 것이다. 내가 관심을 보이자 고모부는 CD를 몇 장 더 주셨다. 음악을 듣고 있으면 행복했다. 그래서 평소에는 신경도 쓰지 않던 TV에 나오는 클래식 공연을 보면서 가슴이 뛰기 시작했다. 특히 나는 첼로가 너무나 멋져보였다. 그렇게 나는 클래식을 사랑하게 되었다.

나는 소풍을 갔다. 즐겁게 놀고 있는데 선생님께서 가까운 벤치에 앉으셨다. 나는 선생님께 내가 궁금한 것을 여쭤봤다. "선생님, 첼로를 배우고 싶은데 어떻게 해야 하나요?" 정말 순수한 의도였다. 선생님의 대답은 이랬다. "응. 빠른 아이들은 5살, 6살에도 시작하는 아이들도 있어. 넌 늦었단다." 초등학교 6학년에게 이런 말이 돌아왔다. 선생님께서는 현실적인 말씀을 하는 것이었다. 사실이다. 하지만 나는 초등학생이었다. 내년에 중학생이 된다고 하지만 아직 어린아이다. 그 때 들은 선생님의 말씀은 이후 어떤 것을 시도할 때마다 나의 족쇄가 되었다. 무엇을 시도하려고 하면 선생님이 하신 말씀이 떠올랐다. 시도를 하려다가도 못할 때가 많았다. 나이에 대한 강박이 생긴 것이다. '늦지 않았을까?'라는 부정적인 생각을 떨치는 것이 힘들었다. 어린 시절 부정적인 암시를 받은 탓도 크다. 하지만 사회적인 시선도 있다. 나이에 대한 고정관념이 강한 우리나라다. 평균적으로 나이 대에 하는 일들이 정해져 있다. 혹시나 그 나이 대를 넘어서서 도전을 하거나 실패를 하면 사람을 외계인인 양 바라본다. 그렇기 때문에 부정적인 생각을 할 수밖에 없다.

이런 생각을 끊게 된 계기가 있다. 고등학교 2학년 때 나는 이종격투기를 배우고 싶었지만 지방이었던 탓에 배울 수가 없는 상황이었다. 그래서 내가 찾은 방법이 유도였다. 사실 본래 목적은 격투기였지만 상관없었다. 당시 TV에서 유도복을 입고 경기를 하는 선수들도 많이 있었다. 그래서 나름 멋질 것이라고 생각을 했다. 유도장을 처음 들어섰는데 지방에 있는 유도관 치고는 관장님이 인테리어나 장비에 투자를 많이 한 것처럼 보였다. 대학교 바로 앞에 있어서 그런지 관원도 꽤 있었다. 그래서 나는 설레는 기분이 들었다. 사실 나는 친구 A와 등록을 했다. A는 우리가 아무리 고등학생이라도 유도부 중학생을 이길 수 없다고 말했다. 그만큼 유도부와 생활체육인들의 격차는 크다는 것이다. 나는 '에이, 그래도 설마.'라는 생각을 했다. 나도 체력이 넘치고 피가 끓는 한창의 고등학생이었기 때문이다. 결코 지지는 않을 거라고 생각했다. 자신만만했다. 하지만 첫 유도 수업에서 기가 죽고 말았다. 대학생 형들의 몸집은 정말 컸다. 한눈에 봐도 운동을 오래한 느낌이었다.

그중에서 가장 덩치가 큰 파란 도복을 입은 B는 나를 기죽게 만들었다. 딱 봐도 120kg가 훌쩍 넘고 키는 185cm 정도 돼보였다. 그렇게 기술을 연마하는 가벼운 동작들로 운동을 했다. 그런데 약간 다부진 C가 관장님께 인사를 하며 수업시간에 늦게 들어왔다. 그의 키는 176cm 정도에 몸무게는 80kg 정도였다. 이제 연습시간은 끝이 났다. 본격적인 유도 대련 시합이었다. C는 나에게 악수를 청했다. 한 수 가르쳐주고 싶었나 보다. 나는 온힘을 다해 안 넘어가려고 버텼지만 금방 쓰러졌다. 내가 종잇장 같았다.

당시 나도 180cm에 80kg 정도 나가는 상황이었다. 절대 가벼운 몸무게가 아니었다. 그런데 알고 보니 C는 학교 유도부 출신이었다. 친구 A에게 누누이 들었던 유도부의 실력을 제대로 체감할 수 있었다. 그후 몇 번 더 천장을 봤다. 나는 심장이 뛰었다. 그런 경험은 태어나서 처음이었다. 죽지 않은 게 다행이었다.

C는 B에게 악수를 청했다. C도 다부진 체격이었지만 B는 그것보다 훨

씬 더 커보였다. 나는 C가 아무리 유도부여도 B에겐 힘겨울 것이라고 예상했다. 그 순간 나는 내 눈을 의심했다. C가 B의 가랑이를 움켜쥐고 들어버리는 것이었다. 마치 아기를 안은 듯한 자연스러움까지도 느꼈다. 쿵하는 소리와 함께 B는 내동댕이쳐졌다. B는 C의 적수가 되지 못했다. 수업이 끝이 났다. C는 나와 친구 A에게 실력이 늘 때까지 열심히 하라면서 응원을 해줬다. 하지만 C의 다음 말에 나는 놀라움을 감추지 못했다. 그는 우리와 같은 고등학교 2학년 때 유도부에 들어갔다는 것이다. 나는 놀라웠다. 원래 엘리트 선수들은 초등학교 때부터 선수 생활을 하는 이들이 많다. 그는 고2 때 시작을 해서 고등학교 유도부 주장이 되었고 우리나라 최고 유도 명문 대학교까지 들어갔다.

C는 늦게 시작을 한 만큼 훈련이 끝난 이후에도 하루도 빠짐없이 개인 연습을 했다고 한다. 강한 고무줄을 철 고리에 건 후 업어치기 연습 200개를 빠지지 않고 훈련을 했다는 것이다. 나는 그 순간 초등학교 선생님이 나에게 첼로를 배우기에 너무 늦었다고 한 말이 떠올랐다. 그런 부정적인 암시에 많은 것을 포기하고 학창시절을 아무 생각 없이 살아온 나였다. 나라면 고2 때 유도부를 시작할 수 없었을 것이다.

나는 C가 너무나 존경스러웠다. 사실 C의 대단함은 내가 실력이 조금 쌓이고 나서 중학교 유도 선수들과 대련을 했을 때 더 크게 느꼈고, 이후 더욱 C를 존경하게 되었다. 중학교 선수들은 도저히 중학생이라고 할 수 없는 파워를 냈다. 일반 대학생 형들도 공중에서 회전을 당하는 것은 당연했다. 그런 괴물들을 제치고 주장까지 한 것이다.

나는 종종 사회가 정한 틀 때문에 고민을 할 때면 C가 생각이 난다. 성인이 된 후에는 그런 틀이 더욱더 나를 죄여온다. 나의 감정이 정상적이지 않은 시간이 오래되면 오래될수록 부정적인 생각으로 빠져든다. 쉽게 어떤 것을 시도해서 포기를 하게 되거나 그동안 무의식에 쌓아두었던 걱정들 때문에 직장 일 외에는 신경 쓸 겨를도 없다. 그렇게 되면 나의 생활에 나를 생각할 여유는 없어지게 된다.

많은 사람들이 C처럼 단호한 노력을 하는 것은 쉽지 않을 것이다. 시간이 지나면서 조금씩 자신의 다짐을 잊는 경우가 허다하다. 사회의 틀에서 상처받는 것은 시간이 지나도 좀처럼 나아지지 않는다. 그런 틀은 우리가 살아가는 동안 계속 나타나기 때문이다.

나는 집안과 나의 환경을 탓한 적이 있었다. 당시는 어렸을 때였기 때문에 부정적인 생각이 나를 쥐어짜는 듯했다. 하루하루 버텨내는 게 내 삶의 과제였다. 가난한 나라에서 태어났다고 생각하기도 했다. 보트에 부딪혀 죽을 위기도 넘겼다. 하지만 이렇게 살아 있다. 큰 사고를 겪은 후 나는 내 안의 부정적인 기운을 없애버리려고 노력했다. 모든 문제의 원인은 나의 부정적인 사고방식이라는 것을 독서로 깨우쳤다. 하지만 그걸 알아도 사회는 날 가만두지 않았다. 언제나 나에게 부정적인 감정으로 빠지게 하는 함정이 많았다. 그래서 우리는 꾸준하게 부정적인 자신의 감정을 들여다보는 연습이 필요하다. 나의 감정 상태를 긍정적으로 바꿔 보다 성공자의 삶으로 살아야 행복한 삶이 될 것이다.

# 머피의 법칙을
# 비켜가는 방법

나는 공원에서 달리기를 하던 중 다리를 다쳤다. 회사 상사로부터 잔소리를 들은 후 화를 풀 겸 산책한 것이었다. 나는 다리 인대가 끊어진 후로 회사의 눈치를 받았다. 그래서 치료를 제때 하지 못했다. 그때 나는 신경이 매우 날카로워져 있었다. 난 엔지니어의 업무를 하기 때문에 외주업체가 설비 점검을 올 때 관리 감독을 했다. 나는 다리 통증 때문에 항상 인상을 쓰고 있었다. 그래서 종종 나이 지긋한 선배 사원들이 무슨 일 있냐며 물어보곤 했다. 그럴 때마다 괜찮다는 말을 해야 했다. 괜히 짜증이 나는 일도 많았다. 그래서 외주업체가 요청을 하면 말을 툭툭 뱉었다. 지금 생각하면 정말 미안한 일이다. 외주업체 감독관은 나와 꽤 친한 사이었다. 성격도 통하는 면이 많았다. 그렇기 때문에 내가 주의를 했었어야 했다. 표정이 좋지 않았다. 이내 나의 잘못을 깨달았다. 사과를 하기가 창피해서 그냥 얼버무리곤 했다. 그 당시 작업은 에어통을 교체하는 일이었다. 용접 전문가가 용접을 해야 했다. 한참 후 전화가 왔다. 무엇인가 이상하다는 것이었다. 용접을 해야 하는 곳이 매끄럽지 못했다. 자세히 보니 용접 부위가 타들어갔다. 우리들은 원인을 몰랐다. 타들어 간 곳은 그라인더로 갈아내야 했다. 그것도 꽤 시간이 오래 걸리는 일이었다. 나는 주말근무 중이었다. 퇴근시간이 다 되어 가는데도 끝이 날 기미가 보이지 않는 것이었다. 이와중에 다리는 아파서 더욱 짜증이 났다. 원인을 못 찾다가 용접 가스장치에 원인이 있다는 것이 밝혀지게 되었다. 그래서 저녁 늦게 외주업체의 일이 끝이 났다. 퇴근을 할 찰나에 전화가 왔다. 대뜸 설비가 이상하니 봐달라는 다른 팀의 연락이었다. 받자마자 짜증이 섞인 목소리였다. 이미 퇴근 시간이 훨씬 지난 후였다. 나는 그냥 퇴근을 했으면 어땠을까 하는 후회가 들었다. 전화로 수리 요청을 한 직원을 만났다. 왜 이리 늦게 오냐면서 나에게 불같이 화를 냈다. 나도 화가 났다. 나보다는 훨씬 연배가 높은 직원이었다. 나도 화가 났다. 그래서 다짜고짜 왜 화를 내냐고 따졌다. 그는 당황한 눈치였다. 나이가 어린 직원이 말을 세게 하니 당황할 만도 했다. 그렇게 실랑이가 오가고 옆에 있던 A직원이 말리기 시작했다. 그래서 나는 내가 할 조치만 얼렁뚱땅 해주고 집으로 갔다. 월요일이 되었다. 내가 말대꾸를 한 것이 소문이 났다. 윗선까지 보고가 들어갔다. 그래서 억울했다. 먼저 시비를 건 것은 그쪽이었다. 어리다는 이유만으로 내가 다 뒤집어쓴 느낌이었다. 괜히 우리 팀 나이 많은 직원들이 나서지 않는 것이 원망스러웠다. 자신들도 같은 동년배의 입장에서 생각해보면 내가 괜히 오기 부린다고 생각했을 수도 있다. 우리 팀에 기대는 하지 않았다. 그냥 그러려니 했다.

나는 20대 때 다양한 아르바이트로 사회경험을 쌓았다. 치킨 배달을 했었다. 생각이 없던 시절 단순히 간단해보였기 때문에 나름 괜찮다고 생각을 한 아르바이트였다. 하지만 실상은 달랐다. 항상 비가 문제였다. 비옷을 입고 헬멧을 쓰면 앞이 잘 보이질 않는다. 장화까지 신었지만 물이 들어올 때도 있었다. 하지만 그래도 20대 초반이라 알바비만 잘 모아도 풍족하게 쓸 수 있어서 기분은 좋았다. 한 아파트에 배달을 갔다. 도무지 나올 생각을 안 하는 것이다. 문도 두드려보았다. 다른 배달이 밀려 있어서 계속 벨을 눌렀다. 15분 정도 시간이 흘렀다. 아니나 다를까. 방금 잠에서 깨어난 것처럼 보이는 남성이 내게 미안하다며 돈을 주었다. 머피의 법칙의 신호탄이었다. 이런 일이 터지면 배달원들은 마음이 급해진다. 밀려 있는 치킨이 떠오르기 때문이다. 마음 급해진 나는 핸들을 꺾으려는 찰나에 오토바이가 미끄러지면서 넘어졌다. 이런 일이 배달원들에게 사실은 종종 있다. 아프지만 별 수 없다. 나는 아르바이트생이다.

다리에 멍이 들었을 것은 확실했다. 나는 다음 배달을 하러 다른 아파트에 갔다. 별 다른 무리 없이 치킨을 가져다주고 왔는데 아뿔싸 콜라가 빠졌다. 이런 일도 한 번씩은 있지만 나는 다리가 아팠다. 비가 오는 상황에 나는 화가 많이 났다. 손님도 짜증이 섞였다. 다음 배달지였다. 꽤 먼 거리에 배달을 갔다. 이번에도 별다른 무리 없이 치킨을 꺼내주었다. 하지만 다시 사장님으로부터 전화가 왔다. 후라이드 치킨에 소스를 더 줄수 없냐는 것이다. '차라리 양념을 먹지 그랬냐?'라는 말이 절로 나오는 상황이었다. 다시 먼 거리를 소스 때문에 갔다. 정말 배달 알바는 못해먹겠다는 생각이 절로 드는 날이었다.

주유소 아르바이트도 해봤다. 주유소 아르바이트로 별다른 것 없는 것으로 생각을 했다. 사장님께서 딱 하나 당부한 게 있었다. 휘발유와 경유의 차이였다. 내 인생의 첫 아르바이트였다. 그래서 마음은 떨리고 긴장도 되었다. 사실 난 최근에 우연히 안 사실이 있었다. 주유소 아르바이트가 가장 감정노동이 심한 아르바이트 중 하나라는 것이다. 머피의 법칙끝판 왕이 될 수 있는 상황이 정말 많다. 일단 우리나라는 차주가 주유소직원이 나이가 어리면 무시를 하고 본다. 내가 당한 일화만 적어보겠다. 주유소는 대부분 대로변에 있기 때문에 차량 소음이나 세차장 잡소리가 많이 들린다. 그래서 손가락 표시를 안 해주면 얼마인지 잘 안 들리는 경우가 있다. 그래서 다시 물어보면 대뜸 화를 내는 고객들이 있다. 왜 화를 내는지 모를 일이지만 일단 있다. 그런 사람들이. 또 차량이 많이 들어오면 한 번에 서너 대의 차에 주유를 해야 하는 상황이 있다. 우리나라 사람들의 성격이 급한 것은 원래 유명하다. 주유기에서 딸깍 소리가 나자마자 계산하라고 카드를 내민다. 하지만 정액을 맞춰야 하기 때문에 기름을 더 넣어야 한다. 이럴 때 계산하라고 닦달하는 사람들도 많다.

주유소의 단골 손님 중 트럭운전사가 많다. 그렇기 때문에 자주 봐서 편하지만 서비스도 잘해야 하는 양면성이 있다. 이들의 특징은 기름을 뚜껑 근처까지 넣어야 한다는 것이다. 장거리기 때문에 조금의 차이로 주유소를 가냐 마냐가 판가름이 나기 때문이다. 입구까지 찰랑거리게 정확한 양을 맞추는 것은 꽤 힘든 일이다. 그러다 기름이 새기라도 하면 기름을 흘렸다고 불호령이 내려진다. 나는 입구까지 찰랑이게 기름을 넣는 기술을 마스터하는 데 꽤 시간이 걸렸다. 알바를 그만두기 전까지 항상 긴장되는 순간이었다. 밤에 주유할 때는 눈에 잘 보이지도 않아 사람을 미쳐버리게 만든다.


머피의 법칙의 유래는 이렇다. 미 공군기지 머피 대위는 사람의 몸에 붙였을 때 장기들의 신호를 알 수 있는 전극봉을 발명했다. 조종사들은 전극봉 실험을 위해서 비행을 했다. 하지만 결과는 쉽게 나오질 않았다. 하지만 마침내 이유를 찾았다. 실패의 이유는 작은 전기선이 연결되지 않았기 때문이었다. 아주 작은 실수였다. 그 일을 계기로 작은 일 때문에 일이 계속 꼬이기만 하는 것을 머피의 법칙이라고 부르게 되었다.

　무엇인가 나에게 안 좋은 상황이 오고 있다면 상황을 부정적으로 보게 된다. 그러면 내 경험상 사람들의 시선도 부정적으로 느껴졌다. 나를 힘들게 하는 상황이 있다면 일단 그 환경을 피하는 것도 중요하다고 생각한다. 우리가 머피의 법칙을 이겨내려면 이겨내려 할수록 전극봉을 연결했던 전선들은 더욱 꼬여 문제점을 찾기 어렵게 된다. 오늘은 나에게 좋은 일이 일어난다는 확신부터 바로 서야 나를 힘들게 하는 상황 자체가 오지 않게 된다. '도대체 왜 자꾸 나에게 이런 일이 일어나는 거야?'라는 생각을 직장생활을 하면서 나 스스로 얼마나 하는지 한 번 되돌아보았다. 직장에 있을 때 거의 90%가 부정적이었다. 머피의 법칙이 안 오는 게 이상할 정도다.

　그런 내 모습에 스스로 실망을 했다. 그래서 그런 나 자신과 떨어져야 한다고 다짐을 했다. 아무리 일이 풀리지 않아도 긍정적으로 바라보려고 노력했다. '이것 하나만 해결이 되면 된다.'라는 다짐은 실제로 나의 삶에 머피의 법칙이 끌어당겨지지 않게 해주었다. 마음은 평소보다 평안해졌다. 더 이상의 감정 소모도 없었다. 그래서 나는 현재를 꽤나 만족스럽게 살 수 있었다. 내가 삶을 바꾸고 싶다면 '왜 자꾸 좋은 일이 넘치는 거야?'라는 생각을 실천을 하고 긍정적인 상황으로 바꿔나가면 우리 삶에 머피의 법칙은 비켜갈 것이다.

# 불안함은
# 예고 없이 찾아온다

2011년 3월 11일은 다른 날과 별다르지 않았다. 차이가 있다면 한 가지 였다. 친구 A는 같은 직장인 이성 B에게 호감이 있었다. 하지만 같은 직 장 안에서 스캔들이 난다면 직원들이 좋게 볼 리 없었다. A는 고민 끝에 B에게 구애하였지만 B는 애매하게 A를 힘들게 했다. 그래서 A의 한풀 이를 들어주러 술자리를 일주일이나 계속하며 자리를 지켰다. 그날도 나 는 여전히 직장 스트레스로 하루하루 고민이 끊이지 않을 때였다. 마침 친구 A와 술자리를 계속하는 참이니 잘 됐다고 생각을 했다. 그런데 A가 내가 앉자마자 오늘 지진 뉴스를 아느냐고 물어보았다. 나는 온종일 업 무 때문에 일본에 지진이 난 줄 몰랐다. 고개를 돌려 TV를 봤다. 생전 처음 보는 광경이었다. 해일이 오는 것을 방송사 헬기에서 실시간으로 촬영을 했다. 충격적이었다. 하지만 더욱 충격적이었던 소식은 후쿠시마 원전이 터졌다는 것이다. 갑자기 난 어디 피신을 가야 하는 상황이 아닌가란 생각을 했다. 불안함이 몰려왔다. 다행히 뉴스를 보니 우리나라 바다와는 맞닿은 곳이 아니어서 다행이라는 생각을 했다. 유명한 체르노빌 사건과도 비교가 되는 방사능 누출 사고였다.

사람은 망각의 동물이라고들 한다. 연신 뉴스에 도배가 되었던 후쿠시마 사건은 서서히 잠잠해졌다. 그렇지만 문제는 해결되지 않은 상태다. 나는 우연히 동국대학교 의과대학 김익중 교수의 원자력 방사능에 대한 강의를 보게 되었다. 그는 우리가 먹는 수산물 중 고등어, 명태의 방사능 수치가 높을 수가 있으니 주의하라는 것이었다. 나는 당시 다이어트 때문에 황태채를 먹고 있었다. 그래서 내 몸에 혹시 두드러기가 있는지 거울로 확인을 해보기도 했다. 나는 가지고 있던 황태채를 다 버렸다. 괜히 불안했다. 다시 잊었던 원전에 대한 문제가 뉴스에서 터져 나왔다. 이번엔 일본이 아니고 한국이었다. 설비는 가동을 멈추는 일이 잦았다. 또한 유행어도 돌게 되었다. "사람이 만든 것 중 보기만 해도 죽는 유일한 것이다."라는 김익중 교수님의 강의 내용이 귀에 맴돌았다.

2016년 9월 12일 경북 경주에서 규모 5.8의 지진이 발생했다. 기상 관측 이래 최고 기록이었다. 관광명소였던 경주는 순식간에 아수라장이 되었다. 뉴스에서는 실내 체육관과 학교가 흔들려서 사람들이 혼비백산하는 모습을 내보냈다. 나는 덜컥 불안해지기 시작했다. 지진에 안전한 것이 무엇인지 걱정되기 시작했다. 혼자 별생각을 다 했다. 우리 집은 3층이다. 그래서 식탁 밑에 숨는 것을 상상해보았다. 그것은 가능하다. 우리 집 식탁은 제법 튼튼하게 생겼다. 하지만 사실 위에 지붕이 내려앉으면 무슨 소용이 있겠냔 생각이 들었다. 그래서 나는 우리 집 앞 작은 공원에 나가보았다. 집 앞에는 다행히 큰 공터가 있다. 하지만 전선이 많이 달린 전신주와 큰 나무들도 있었다. 상당히 위험해 보였다. 공터지만 이것이 흔들려서 떨어진다면 차라리 식탁이 낫겠다는 생각을 했다. 나는 유튜브로 지진 관련 영상을 샅샅이 뒤져보았다. 불안함을 멈추기 위해서 대비를 해야 한다고 생각했기 때문이다. 앞에서 말한 바와 같이 사람은 망각의 동물이라고 했다. 한 달 정도 되니 연신 TV에서 떠들어대던 목소리는 없어졌다. 나의 머릿속에는 지진이라는 단어는 남아 있지도 않았다. 하지만 1년 후 다시 지진의 소식이 전해졌다. 이번에는 포항이다. 규모 5.4이다. 이것은 1년 전 지진과 거의 비슷한 수준이었다. 포항도 경주처럼 아비규환이 되었다. 건물외벽이 떨어졌다. 수도관도 터졌다. 아파트 주민들은 대피하면서 1년 전과 같은 공포를 느끼게 되었다. 아니 그 이상이었다. 나는 잊을 만하면 터지는 지진에 대비해서 더 큰 지진이 올 것만 같았다. 나는 인터넷으로 물과 라면 등의 생필품들을 샀고 전투식량을 조금 샀다. 두 지진 다 내가 느끼진 않았지만 다음번에는 왠지 내가 사는 바로 이곳에 지진이 날 거란 걱정이 날 지배했다.

2020년도 나는 또 역시나 별다른 일이 생기지 않을 것 같았다. 하지만 이번에는 땅에서 생긴 것이 아니라 하늘에서 생겨난 문제이다. 역대 최고의 54일 장마가 나타났다. 부산 시내가 강처럼 변한 영상들이 SNS를 타고 빠르게 퍼져나갔다. 차량이 도로에서 침수되어서 회전하는가 하면 달리는 버스는 물에 잠긴 채로 운전하는 모습도 보였다. 하지만 부산만의 문제는 아니었다. 전국에서 비 소식이 끊이질 않았다. 집에서 멀지 않은 하천의 물살이 거세지는 것을 보면 두려워지기도 했다. 우리 집은 샤워기에 필터를 끼워 사용을 했다. 나는 물에 꽤 신경 쓰는 편이다. 그런데 장마가 오래 지속되니 샤워기 필터가 하루만 지나면 짙은 갈색으로 변했다. 몇 개를 더 교체를 해봤지만 소용 없었다. 정수기 물도 걱정이 되었다. 다행히 정수기 관리를 담당하는 코디가 와서 조치를 잘 해주었다. 나의 불안은 한층 줄어들었다. 하지만 이번에는 태풍이 와서 골치였다. 2020년에는 태풍이 연달아 4개가 상륙을 했다. 5호 태풍 장미, 8호 태풍 마비, 9호 태풍 마이삭, 10호 태풍 하이선. 이름도 그럴듯한 녀석들이 날 불안하게 만들었다.

사실 2020년은 딱 1년 전이고 내가 이 글을 쓰고 있는 시점은 이제 초

여름인 6월이다. 하지만 잘 생각해보면 장마나 태풍이 지나간 후 겨울이 찾아오고 나는 다시 일상생활로 돌아왔다. 다시 또 예전처럼 망각의 동물이 된 것이다. 하지만 이것은 어찌 보면 당연한 결과이다. 또 장점일 수도 있다. 하지만 조금은 다르게 생각을 해보자. 만약 6월인 지금 태풍에 대한 대비와 장마에 대비를 한다면 마음은 편할 것이다. 우리가 살면서 장마와 태풍을 피할 수 있는 날이 있을까? 지진을 감지할 수 있을까? 원자력을 대비할 수 있을까? 사실 이런 일들은 내가 앞서 말한 바와 같이 내가 어떻게 할 수 없는 부분이다. 하지만 우리가 사는 세상에는 수많은 전문가들이 있어 우리의 불안을 줄여준다. 정말 감사하다. 그렇다면 우리가 해야 할 일은 위험에 대한 최소한의 대비다. 내가 너무 호들갑이라고 생각할 수도 있을 것이다. 하지만 내 경험을 돌이켜보면 이런 것은 호들갑이 아니다.

나는 어린 시절을 시골집에서 자랐다. 집 뒤는 논이 펼쳐져 있는 곳이었다. 나는 항상 여름만 되면 불안했다. 여름방학 때였다. 갑자기 천둥소리가 나면서 정전이 되었다. 사실 이런 일은 내가 어린 시절에는 조금 흔했다. 그래서 별생각 없이 창밖을 바라보고 있었다. 그런데 갑자기 집에서 조금 떨어져 있는 논에 벼락이 떨어지기 시작했다. 나는 살면서 그렇게 떨어지는 벼락을 본 적이 없다. 30여 분 동안 지속해서 벼락이 내리쳤다. 무언가 알 수 없는 희열감 같은 것이 올라왔다. 내가 지금까지 본 자연 현상 중에 가장 경이로운 장면이었다. 자연 앞에 인간은 아무것도 아닌 존재임을 나는 어린 시절 남들보다 깊게 알게 되었다. 동영상을 못 남긴 게 한이다. 그 당시에는 그런 기술이 없었던 게 아쉽다. 어쨌든 우리 집은 버스정류장에서도 꽤 멀리 떨어졌다. 가는 길은 논길이었다. 천둥소리가 조금만 으르렁거려도 나는 걸음을 재촉해야 했다. 가끔은 높은 하늘에서도 번개가 떨어졌다. 용처럼 구름을 타고 나타나기도 했다. 그래서 나는 어린 시절부터 천둥소리가 무서웠다. 어서 빨리 시골을 벗어나고 싶었다. 나는 도시에 살기 시작하면서 천둥소리가 무섭지 않았다. 그 이유는 도시 지역은 피뢰침이 있는 건물들이 많고 높은 곳에서 먼저 번개가 떨어진다. 그러므로 나는 나도 모르게 보호받고 있다는 느낌을 받았다.

우리가 살다 보면 예고 없는 불안을 겪기도 한다. 나는 재해가 우리에게 가장 공감이 될 것이라 생각하여 글을 적었다. 원자력 문제에 대한 뉴스가 나올 때마다 나는 나의 초라함을 느낀다. 사실 엄청난 과학의 집합이다. 그래서 어떤 원리인지도 모른다. 내가 세상을 긍정적으로 살아도 문제가 터지면 내가 어찌할 방도가 없다. 음식은 이상이 없는지 방사능 검사기를 챙기고 다녀야 할 판이다. 사실 불안하길 바라서 이 글을 적은 것은 아니다. 불안함은 충분히 극복할 수 있다. 우연이지만 천둥소리를 무서워하지 않게 된 나의 상황을 꼭 말하고 싶었다. 언제 어디서 불안한 상황이 오는지는 알 수 없다. 예고 없이 찾아와 삶에 영향을 끼치는 일이 우리 생각보다 많다. 자연재해뿐 아니라 우리 인생의 문제점을 미리 대비하며 살아간다면 예고 없이 찾아 온 불안함도 극복할 수 있을 것이다.

- 日 -

# 자꾸 나의 감정을
# 들여다보자

첫 직장에서 조울증 A과장과의 만남은 최악이었다. 언제 어디에서 나올 줄 모르는 그의 돌발행동 때문에 나는 항상 긴장을 해야 했다. A과장은 나에게 강요한 것이 있었다. 그것은 바로 직장 내 갑의 위치에 있어야한다는 것이다. 그는 나에게 총무 일에 한 가지 특징을 알려주었다. 비품관리, 작업복, 의전들을 담당해야 하는 총무는 다른 직원들이 당연히 해야 하는 일이라서 고생을 하는지 모른다는 것이다. 이것이 총무 일의 특징이었다. 그래서 일하는 자신이 상대에게 강하게 나가지 않는다면 역으로 다른 직원들에게 갑질을 당하니 거절은 단호하게 하라는 것이었다. 일리는 있었다. 하지만 나는 이제 막 들어온 신입사원이었다. 직위가 높거나 나이가 많은 직원들이 나에게 오면 대응을 어떻게 해야 하는지 막막했다. A과장은 나에게 좋은 수업이 된다면서 때때로 다른 직원들에게 강하게 대응하는 모습을 일부러 보이기도 했다. 그럴 때마다 이것이 정말 정글에서 사는 법칙인 것인가 싶었다. 갑질을 해야 하나 말아야 하나 고민할 때 나에게 그 선택의 순간이 찾아왔다. 정말 하기 싫은 일이었다. 그것은 근무복 지급이었다. 계절이 바뀔 때마다 늘 하는 일이긴 하지만 일도 많고 감정 소모도 심하다. 이유는 이렇다. 일단 크기가 제각각이다. 그리고 크기 교환요구도 많다. 지급될 수량도 정해져 있는데 하나 더 달라는 사람도 있다. 그런 요구를 모두 들어주는 것도 너무나 스트레스였다. 직원이 300명은 넘었다. 근무복이 회사 차량으로 도착했다. 식당 위 2층 강당에 엄청난 상자를 혼자 옮겼다. 나의 예상대로 아비규환이었다. 통제가 안 될 줄은 예상했다. 나는 온종일 작업복을 나눠주고 힘이 다 빠지게 되었다. 하지만 고생은 이제부터 시작이었다. 전화기에 불이 날 것이다. 이유는 앞에서 말했듯이 크기 교환이었다. 그런 사람들이 어림잡아 2-30명쯤 된다. 전화를 30번을 받아야 한다는 것이다. 교환을 요구하는 사람에게 나도 다시 30번 이상 전화를 걸어야 한다는 것이다. 이때 웬만한 보살님 아니면 머리끝까지 화가 나게 되어 있다. 나도 보살은 아니므로 정말 스트레스가 이만저만이 아니었다. 나의 감정 상태는 불만으로 가득 차 있었다. 전화를 받을 때마다 교환을 요구하는 직원들에게 나도 모르게 퉁명스럽게 대답했다. 다른 팀 생산 반장님이 A과장에게 나의 태도에 대한 문제를 지적하기도 했다. 하지만 오히려 A과장은 일 잘한다며 나를 칭찬했다. 기분이 왠지 좋았다. 칭찬을 많이 하지 않는 A과장이 칭찬을 했다. 그렇다면 이런 것은 내가 앞으로 이 회사에서 나아가야 할 방향성이라고 느껴졌다. 솔직히 그동안 나도 나의 감정을 많이 숨겨서 손해를 봤다는 생각을 했다. 그래서 이제부터는 달라져야 할 것이라는 생각을 했다. 나는 폭주하기 시작했다. 옷 사이즈를 바꾸러 직접 온 직원들에게 나와 비슷한 직위나 나이대이면 짜증이 나는 것을 숨기지 않았다. 그럴 때마다 A과장은 이제야 일을 잘한다면서 칭찬을 아끼지 않았다. 끓는 물에 기름을 부었다. 나는 더 열정이 타올랐다. 전화가 오면 당당하게 짜증을 내면서 대응을 했다. 먹혔다. 나의 일이 줄어드는 것이 느껴졌다. A과장이 꼴 보기 싫을 때는 많았지만 역시 짬밥은 무시 못 한다는 생각이 들었다. 나는 그렇게 잘못된 나의 인격을 새로 만들어가고 있었다.

A과장과 만년 B과장은 친한 사이다. B과장은 정년퇴직을 2년 앞둔 우리 회사 전설이다. 그의 일대기는 우리 회사의 한 페이지를 장식했다. 그래서 나도 B가 두려웠다. B 역시도 나에게 강조를 했다. A는 B에게 일을 배웠다. 그래서 나이 차이는 있지만 과장 생활을 함께했다. 그래서일까 B에게 회사생활을 배울 때는 더욱 폭주해야 만족을 했다. B는 전화 통화를 할 때 욕도 서슴지 않았다. 목소리도 우렁차서 같은 사무실에 있는 사

람들도 많이 불편해했다. 나는 B과장과 술자리를 할 때마다 곤욕이었다. B과장은 성질이 급해서 안주가 조금만 늦게 나와도 기다리는 법이 없었다. "이모!!" 이 우렁찬 목소리로 이모를 엄청나게 찾는다. 그럴 때마다 빨리 주인에게 따지라고 나에게 훈계를 했다. 이런 것도 다 사회생활이라면서 말이다.

그런 교육 같지도 않은 교육이 진행이 될 때마다 내 안의 악마는 조금씩 커지고 있었다. 나는 입사 초반에는 협력업체에도 외주업체에도 조심스럽게 부탁을 했다. 하지만 그럴 때마다 A와 B의 훈계가 날로 심해졌다. 나도 더는 그런 훈계를 듣기가 싫었다. 그렇다면 내가 바뀌어야 했다. 어떤 대답은 날카로워지기 시작했다. 특히 외주업체는 내가 건물수선비를 결정하기 때문에 그 부분은 내가 힘이 컸다. 그래서 외주업체는 알아서 나에게 굽실거리는 일이 많았다. 그러므로 외주업체가 일 처리나 약속 시간에 늦는 일이 있더라도 특별히 화를 내지 않았다. 하지만 점점 내가 피해를 본다는 생각과 A과장과 B과장의 강요 때문에 무의식적으로 나의 악마성이 드러났다. 완전히 다른 사람이 된 것이다. 조금이라도 업체가 늦으면 소리를 지르기 일쑤였다. 신기하게 그렇게 하면 시간 약속을 잘 지켰다. 업무처리도 빨라진다. 그러면 칭찬도 받는다. 그래서 나는 내가 일을 굉장히 잘하고 있다는 생각을 가진다. 그러면서 없어졌던 자신감도 올라갔다. 하지만 가슴 한편에 찝찝함이 있었다. 바로 내가 갑질을 한 대상 중에는 나의 부모님 연배 되시는 분들이 많았기 때문이다. 하지만 그런 죄책감은 잠깐이었다. 내가 또 소리를 지르거나 갑질을 하지 않으면 A과장의 압박 때문에 내가 죽게 생겼다. 나는 누구의 도움 없이 혼자 살아가야 하는 처지였다. 회사생활이 없다면 나의 존재 자체도 없어질 것만 같은 두려움이 컸다. 그러므로 충성을 해야 했다. 더욱더 나의 원래 감정을 속여야 했다. 나도 사람이었다. 나는 원래 다른 사람에게 간섭하기 싫어하고 간섭당하는 것도 싫어한다. 그러므로 싫은 소리를 별로 하지 않는다. 원래 그런 사람이었다. 그런데 생존을 위해서 나는 반성을 하지 않았다. 하지만 다행히 나에게 양심이 있었던 것일까. 정신을 차리자는 다짐을 하게 되었다.

그런 다짐을 하고 난 후 난 예전의 모습으로 돌아갔다. A과장이 나에게 안 좋은 영향을 끼치더라도 나는 죄책감이 밀려와서 더는 못할 것 같았다. 내가 화를 냈던 사람들에게 음료수나 커피를 주면서 사과를 하기도 했다. 만나지 못하면 전화했다. 어쩌면 이기적인 생각인지도 모르겠다. 나의 평판을 좋게 하려는 비겁한 모습일지도 모르겠다. 그렇지만 사과를 해야 내 마음이 편했다. 나는 인간적인 행동을 하고 싶었다. 그래서 A가 옆에서 왜 호통을 치지 않느냐는 말에 대꾸조차 안 했다. 이런 행동으로 깨닫게 되는 것이 있었다. 내가 A의 말을 듣든 안 듣든 어차피 A와 B는 나에게 훈계를 한다는 점이다. 내가 악마가 되어 칭찬을 받기도 했다. 칭찬을 받았으면 스트레스를 덜 받아야 한다. 아니면 잔소리도 덜 들어야 한다. 그렇게 바라는 게 사람의 심리이다. 하지만 칭찬만 늘었다. 나머지는 똑같았다. 나의 현재 상태는 변화되지 않았다.

A와 B가 한 칭찬들이 과연 살면서 얼마나 필요한 것인가를 생각을 해보았다. 사실 꽤 많은 도움이 된다. 사람은 이기적일 때 마음이 편하다는 것을 깨달았다. 하지만 언젠간 자신에게 부메랑이 되어 돌아온다는 것을 A와 B를 보면서 느끼게 되었다. 만년 과장 B의 부사수가 A였다. 그러므로 그의 스타일대로 업무를 배웠다. 사실 부서에 힘이 좀 있고 나이가 있으므로 많은 임직원이 싫은 내색은 안 했지만 회사 내 평판이 좋지 않았다. 그래서 둘 다 진급이 늦게 되었다. 알게 모르게 적도 많이 있었다. 나는 그런 모습의 어른으로 살고 싶지 않았다.

시내에서 우연히 사주를 본 적이 있었다. 그런데 사주를 보시는 분이 나는 야생마라고 했다. 나는 뜬금없는 말에 조금은 의아했다. 뜻을 물었더니 직장생활에 갇혀 있으면 안 되는 팔자라고 했다. 나는 당시 말도 안 된다고 했다. 나는 직장에 뼈를 묻으려는 각오가 남달랐기 때문이다. 하지만 지금은 이것이 맞는 사주였다고 생각을 한다. 나는 달리고 싶을 때 달리는 사람이 되고 싶었다. 나의 감정을 바라보고 하고 싶은 것이 무엇인지 행동하며 살고 싶다. 사람들은 좋은 대학을 나와서 취업을 한다. 하지만 자신의 감정 상태가 무엇인지 모르고 취업을 하는 사람들이 대부분이다. 꿈도 없고 단지 돈을 위해서 일한다. 돈도 액수가 어마어마하게 크면 다행이다. 하지만 먹고 살 만큼만 벌면 좋겠다고 말을 하는 사람들이 대다수였다. 그럴 때마다 현재의 상태가 진정으로 내가 원하는 모습인지 아닌지를 더 늦기 전에 살펴보아야 한다.

# 3장

# 내 감정까지 망치는
# 사람과 결별하라

# 내 감정까지 망치는
# 사람과 결별하라

책을 쓴다는 것은 어떤 의미일까? 내가 독서를 시작한 것은 〈단희쌤 TV〉 덕분이다. 세상에 나의 편이 한 명도 없다는 생각이 들 때 정말 큰 힘이 되었다. 단희쌤이 글쓰기의 중요성을 강조를 했다. 하지만 글쓰기 가 왜 살아가는 데 도움이 될까 의문이 들었다. 그 해답은 내가 유튜브나 이모티콘 수업을 들으면서 찾을 수 있었다. 결국 모든 것은 글로써 표현 이 되어야만 콘텐츠가 된다는 사실을 깨달았다. 유튜브 편집 기술을 배 우더라도 시나리오가 없으면 그것은 팥 없는 붕어빵이다. 이모티콘도 사 실 그림만큼 중요한 것이 주제와 문구이다. 결국 시행착오를 겪어 글쓰 기의 중요함을 알게 되었다.

또한 나중에 안 사실은 단희쌤도 〈한책협〉 출신이라는 것이었다. 나는 〈한책협〉에 수강등록을 하기까지 많이 망설였다. 의외로 〈한책협〉 대표 김도사를 비판하는 정보들이 꽤 있었다. 그러나 한편으로는 성공한 사람들을 비판하는 것은 언제나 있어왔다는 생각이 들었다.

결국 나는 수강하기로 결심을 했다. 이유는 간단했다. 김도사의 인생 스토리 때문이었다. 김도사도 가난한 어린 시절을 보냈고 공사장을 전전하며 책을 썼다고 한다. 7년 동안 수백 번의 원고 거절을 당했다. 끈질긴 노력 끝에 결국 250권의 책을 썼고 엄청난 자산가가 되었다. 나의 어린 시절과 겹치는 것 같아서 왠지 모를 동질감이 느껴졌다. 그래서 김도사의 책을 보며 나도 모르게 눈물이 흘렀다. 책을 보며 운 것은 그때가 처음이었다.

김도사에게 부정적인 기사나 영상은 김도사가 추천한 책을 보면서 해소가 되었다. 김도사는 자신의 인생 책의 내용을 실행으로 옮겼다. 책을 읽고 실천하는 사람과 그냥 읽기만 하는 사람과는 엄청난 차이가 있다. 추천 받은 책들은 큰 도움이 되었다. 책의 내용을 현실에 적용해 김도사는 부자가 되었다. 시인이 되겠다던 김도사도 주변의 반대에 참 많은 슬픔이 있었다고 한다. 결국 자신의 감정을 망치는 사람들과 멀어지기로 했다. 그 결과 지금은 대단한 자산가가 되었다.

나도 다른 사람들처럼 대기업에 입사하고 싶었다. 그래서 나도 많은 노력을 했다. 그런 노력 덕분에 대기업 입사시험에서 여러 번 서류 전형을 통과했다. 물론 시험과 면접은 남아 있었다. 비록 취업에 성공을 못할 때에도 나는 엄청난 성취를 느꼈다. 그럴 이유가 있었다. 나는 학창시절 공부를 못했다. 그래서 그런 동창들과 어울렸다. 나는 20대가 되어 슬슬 걱정이 되었다. 무엇을 해야 하는지 고민만 했다. PC방에서 게임만 하고 놀다가 입대했다. 제대 후 나는 그래도 무언가는 해야 한다는 생각으로 자격증에 매달렸다. 하지만 주위 친구들은 제대 후에도 별다른 노력 없이 살았다. 나의 환경을 모르는 사람들은 서류 전형 통과에서 성취감을 얻었다는 것이 유난이라고 할지도 모른다. 하지만 내가 성장한 환경을 봤을 때 이것은 인생을 역전한 것과 같은 기적이었다.

졸업을 앞둔 겨울방학 때 그동안 서로 바빠 못 만났던 친구들을 만났다. 친구 A가 나의 입사 서류 결과가 어떻게 되었는지 궁금해했다. 합격했다고 하니 "야, 축하한다! 대단하다!" 하며 놀라워했다. 나는 나름 기분이 좋았다. "아니야, 그래도 시험하고 면접은 남았으니깐 아직 모르지." 나는 겸손한 척 말했다. "에이~ 그럼 될 가망성이 희박한 거네~." 갑자기 친구 B가 농담조로 말을 했다. B의 말이 틀린 말은 아니었다. 취업시즌에 서류 수천 통이 접수가 된다. 그래서 경쟁률이 심한 것은 누구나 안다. 사실 나도 잘할 수 있을까 하는 걱정이 앞섰다. B의 말에 나는 내색을 하지 않았지만 기분이 좋지는 않았다. 내가 그동안 했던 노력이 평가 절하된 느낌을 받았다. 나와 술자리를 하는 친구들은 부모님들이 개인사업도 하시고 능력이 있으셨다. 나보다 여유가 있었던 것이다. 내가 취업을 준비할 때 친구들은 부모님이 자동차까지 선물한 상태였다. 사실 부럽지 않았다고 하면 거짓말이다. 나는 차비를 아끼려고 주말에도 학교 기숙사에서 생활했다. 그런 마음을 알 리 없는 친구들 때문에 감정이 많이 안 좋아진 상태에서 그날 술자리를 함께했다.

'여행을 가장 빨리 가는 방법은 가장 좋은 친구와 함께 가는 것이다.' 화장실에서 액자에 있는 이 글귀를 우연히 보았다. 참 공감이 가는 말이었다. 인생을 하나의 여행으로 본다면 그 길을 친구와 함께 가는 것은 엄청난 힘이 된다. 하지만 그 반대라면 어떨까? 너무 힘들고 때로는 고통스러울 것이다. 차라리 혼자 가는 것이 낫다. 친구와의 관계뿐만 아니라 직장생활에서도 마찬가지이다. 많은 직장인이 자신의 가족과 친구들보다 직장에 있는 사람들과 더 많은 시간을 보낸다. 직장이라는 인생의 여행에서 목적지에 가장 빨리 함께 갈 수 있는 사람들이 누구인지 빨리 파악하는 것이 필요하다. 그래야 힘겨운 직장생활에 조금이나마 도움이 될 것이다.

첫 직장 업무에서 내가 가장 어려웠던 부분이 있다. 그것은 바로 전자

회계 업무였다. 도무지 무슨 말인지 몰라 컴퓨터 앞에서 쩔쩔매고 있었던 것은 아직도 트라우마다. 사실 기계 설계 전공을 했던 내가 회계 프로그램을 하지 못했던 것은 당연한 일이었다. 우여곡절 끝에 업무에 필요한 부분을 입력하는 것만 간신히 이해했다. 그렇지만 익숙지 않다 보니 회계장부를 수정해야 하는 부분이 많았다. 한 번 입력을 잘못해서 수정하려면 회계 담당 경리직원에게 전화로 부탁을 해야 했다.

하도 많이 실수해서 어떨 때는 전화하는 것이 미안해질 지경이었다. 그런데 점점 전화를 하다 보니 이상해지는 것이 있었다. 그것은 경리팀이 자신들의 지위를 악용하는 것을 느끼게 되었다는 것이다. 그들도 어차피 업무의 한 부분을 담당하는 톱니바퀴일 뿐이었다. 하지만 어느 순간 그들은 자신들이 결정권자가 되는 양 행동하기 시작했다. 사실 우리가 눈치를 볼 필요도 없었다. 그렇지만 업무가 진행되기 위해서는 경리팀에서 사인이 되어야 한다.

사실 이때 나는 인과응보가 있다는 것을 느끼게 되었다. 나도 총무 업무로 인해서 우월함 비슷한 것을 느낀 적이 있었다. 잘못에 대한 벌을 받는다고 생각했다. 나는 잘 보이기 위해서 A 경리직원에게 들릴 때마다 음료수나 과자를 건네기도 했다. 하지만 생각을 해보니 내가 그럴 필요가 없다는 것을 느꼈다. 전화를 하면 나의 직장 상사라도 되는 양 훈계를 할 때도 있었다. 나는 막내 사원이었기에 A에게 아무 말을 하지 못하는 처지였다. 첫 직장을 떠날 때 그녀에게 인사를 건넸다. 그때 나는 A가 한 말을 아직도 잊지 못한다. "하~ 좀 더 똘똘한 사람이 왔으면 좋겠어~."

나는 첫 직장을 떠날 때까지 회계에 대한 부분은 완벽히 숙지하지 못했다. 그럴 필요도 사실 없었다. 그렇지만 나는 A에게 싫은 소리를 듣는 게 싫어서 나름 노력을 했다. 같은 팀도 아니었기에 그럴 필요도 없었다. 당당히 나의 요구를 했으면 됐다.

그렇지만 세상 물정을 몰라 너무 순진했던 탓일까. A의 마지막 막말에도 나는 대꾸를 할 수는 없었다. 사실 난 마지막 퇴근을 하면서 분한 마음을 어찌하지 못했다. 이런 상황이 올 줄 알았으면 진즉에 퇴사를 하는 게 나았다는 생각까지도 했다. 나의 감정을 망치면서까지 나는 돈이 필요했던 것일까. 그런 무례하고 상식 없는 말을 한 사람들을 빨리 떠나지 않은 것이 오랫동안 후회로 남았다.

내가 엔지니어 일을 할 때 A는 불쌍할 정도로 상사의 눈치를 많이 보는 성격이었다. 그는 항상 상사가 뭐라고 할지 긴장하고 있는 것이 보일 정도였다. 일 처리가 늦다는 윗선의 평가에 경고를 한 번 받았다. 또 이러면 인사발령 대상이 될 거라는 말도 소문으로 들었다. 이후 그는 더욱 극도로 불안해했다. 그는 설비에 대한 오류가 있으면 인수인계를 하지 않았다.

나의 일은 엔지니어였다. 그러므로 외주업체에서 들여온 기계설비에 대한 정보를 얻지 않으면 안 되는 일이었다. 설명서로만 봐서는 안 되는 문제들이 수두룩했다. 그런데 그런 중요한 정보를 A는 자신의 권위를 이용해서 혼자만 독식하는 것이었다. 그의 상태는 조금씩 더 나빠지기 시작했다. 외주업체의 전문가들은 사실 우리보다 훨씬 전문가들이다.

사실 우리가 갑, 업체가 을이다. 하지만 뚜껑을 열어 경력적인 부분을 생각했을 때는 이와 정반대이다. 우리가 가동하는 설비는 업체명도 제각각에 부품 또한 수백 가지이다. 이런 정보를 우리가 다 입력할 수는 없다. 그러므로 외주업체에 사정을 하면서라도 배워야 하는 게 우리가 하는 업무의 숙명이라면 숙명이었다. 그 사실을 외주업체가 이용하기도 한다.

A는 자신의 지식에 이상한 자부심이 있는 사람이었다. 자신보다 뛰어난 지식을 가지고 있는 외주업체가 오면 경계부터 했다. 그래서 설비에 대한 지식 자랑으로 쓸데없는 시간을 지체했다. '여기서 밀리면 큰일이야.'라는 전투적인 모습까지도 보였다. 그런 모습에 지쳐서 더 거래를 안

하겠다는 업체도 생겼다. 그 피해가 고스란히 나에게 왔던 적도 많다. 나는 그런 모습이 별로 좋아 보이질 않아 A에게 살갑게 대하지 않았다. 그것을 작업반장도 아는 눈치였다. 사실 평판이 좋지 못한 그였기에 다른 이들도 그를 신뢰하지 않았던 것은 사실이다. 그래서 그는 자신에게 아부를 잘하는 직원에게만 설비에 필요한 정보들을 넘겨주었다.

나도 잘 보이려면 얼마든지 아부를 할 수 있었다. 하지만 직장생활에 회의감이 많이 들었던 시절이었다. 그러므로 나는 직장생활에 대한 인맥관리에 별다른 노력을 하지 않았다. 지금 생각해봐도 참 시간 낭비하지 않고 잘한 일이라고 생각한다.

A는 자신이 가장 뛰어나야 한다는 착각 속에 살았다. 자신의 능력치는 한계가 분명 있어 보였다. 그렇지만 그것을 숨기려고 더욱더 불안해하는 모습도 보였다. 그를 앞자리에서 꾸준히 지켜보면서 느낀 것이 있다. 우리는 사실 항상 만능을 요구하는 시스템에서 자라왔다. 그러므로 한순간의 실수를 하거나 윗선에 잘못 보이게 되면 다시 일어날 기회를 주지 않는다. 수능에서 점수가 떨어져서 자살하는 뉴스는 해마다 보게 된다.

직장에서 실직해도 마찬가지이다. 이런 사례들을 우리는 너무나 잘 알고 있다. 그러므로 눈치를 보면서 살 수밖에 없다. 그렇지만 그런 삶을 꿈꾸었던 사람이 얼마나 될까? 그런 사람은 확실히 없다. 그렇지만 나의 환경에 익숙해지고 다른 사람들이 하는 행동을 보면서 점점 더 꿈에서 멀어져 간다. 우리는 자신의 감정을 망치는 사람과 결별하는 단호한 의지가 필요하다.

# - 2 -

# 꿈이 있고 자기계발을
# 하는 사람을 만나라

엔지니어 생활에 회의를 느꼈다. 페수방류를 무단으로 한 회사 때문에
정신적으로 아주 힘들었다. 이런 문제로 정신과까지 가게 되었다. 처음
에는 약 효과가 있는 듯했다. 하지만 이내 약은 듣지 않아서 끊었다.

엔지니어 생활을 더 하는 게 옳지 않다고 생각을 했다. 나는 내가 살아
가야 할 방향성에 대해서 고민을 많이 하기 시작했다. 정보를 수집하기
위해서 유튜브를 찾아봤다. 내가 가야 할 미래에 대해서 해답이 나오길
간절히 빌었다. 그때 마윈의 명언 영상이 나를 사로잡았다.

마윈은 한 기자회견에서 나이별 조언이라는 말을 남겼다. 그의 말은 이랬다.

첫째, 20대~30대 나이라면 당신은 좋은 기업이 아니라 좋은 상사를 만나야 한다.

둘째. 30대~40대 나이라면 당신은 도전해도 좋다. 다시 일어설 수 있다.

셋째, 40대~50대 나이라면 당신은 자신이 잘하는 것을 해야 한다. 도전은 위험할 수 있다.

넷째, 50대~60대 나이라면 당신은 젊은 사람들을 개발하고 훈련하는 데 보내라.

다섯째, 60 이상이면 손주들과 시간을 보내라.

나는 직장을 다니면서 30대가 넘어가는 시점부터 불안해지기 시작했다. 그 이유는 나이가 많은 직장 선배들 때문이었다. 이제는 어디를 갈 수도 도전도 할 수 없는 나이라고 항상 강조했다. 지금 와서 생각해보면 참 직장인다운 발상이라고 생각한다. 자신의 인생의 기준이 취업에 맞춰져 있으니 말이다. 또래 직장인의 의식 또한 그들과 다르지는 않았다. 그렇지만 중국 제일의 부자가 한, 30대는 도전해도 좋다는 말은 나에게 큰 울림을 주었다.

나는 지금 바로 결심을 해야 60세가 되었을 때 손주들과 시간을 보낼 수 있는 사람이 된다고 생각을 했다.

그렇지만 어떤 분야에 내가 도전을 해야 할지 모르는 일이었다. 마윈의 조언을 믿고 실행하기에는 뭔가 부족한 모양새였다. 그래서 또다시 유튜브에서 정보를 얻으려고 온종일 검색을 했다. 그래서 찾은 것이 〈단희쌤 TV〉였다. 내가 당시 구독을 할 때는 2만 명 정도였다. 지금은 50만 대형 유튜버로 성장했다. 그는 한전 출신으로 남 부러울 것 없이 살았다. 하지만 사기를 당하는 바람에 이혼하고 판자촌에서 생활했다. 그 후 부동산 업무에 뛰어들어서 성공을 한 사람의 모습으로 살아가고 있었다.

나는 그가 추천한 책 『마케팅 불변의 법칙』에서 힌트를 얻게 되었다. 많은 내용이 있었다. 하지만 나는 마케팅 전문가가 아니라서 내용이 어렵다고 생각했다. 단 한 가지만 빼고. 그것은 '더 좋기보다 최초가 낫다.'라는 문구였다. 나는 이것만 기억했다. 다른 것은 필요 없었다. 나는 전문대 출신이다. 30살을 넘긴 사람이라서 다른 곳으로 이직도 쉽지 않았다. 그래서 나는 최초가 되는 법을 연구했다.

나는 성공자로 거듭나고 싶었다. 그러기 위해서 내가 가야 할 곳을 나름대로 규칙을 세웠다.

첫째, 최고보다 최초가 될 분야를 찾는 것

둘째, 부자들이 많이 모이는 곳일 것

셋째, 적은 시간으로 큰 효과를 보는 것일 것

넷째, 돈이 많이 모이는 것일 것

다섯째, 앞으로 미래에 추세가 될 분야일 것

나의 규칙을 책상 앞에 모니터에 붙여놓고 실행해보기로 하였다. 간절하면 하늘에서 답을 준다고 했다. 그래서 떠오른 게 빌딩 중계 분야였다. 나는 부동산의 '부'자도 모른다. 공인중개사 자격증 또한 없다. 그런데 한 가지 자신 있는 것이 있었다. 최고보다 최초가 되자는 생각이었다. 그래서 나는 나의 경쟁력이 무엇이 될 수 있는지 판단했다. 어떤 유튜브를 보다가 알게 된 것이 있었다. 그것은 생각보다 빌딩중개 유튜브 영상이 매우 단순하다는 사실이었다. 나는 바로 실행에 착수하기로 하고 영상 편집 학원에 등록했다.

내가 유튜브를 사용할 줄만 안다면 내가 정한 다섯 개의 규칙에 모두 들어맞는 것이 빌딩중개라고 확신을 했다. 그러므로 과감히 돈과 시간을 투자해서 학원에 등록했다. 포토샵 삽화, 영상 편집 과정을 다 마치고 빌딩중개업체에 이력서를 제출했다. 내심 불안했다. 경력도 없는 내가 이런 도전을 하는 것이 무모하진 않은가 하는 생각도 했다. 하지만 내 예상보다 빠르게 빌딩중개업체에서 전화가 왔다. 면접을 보자는 것이었다. 나는 그대로 강남 테헤란로로 달려갔다. 면접을 보는 순간이 왔다. 나는 영상 편집에 대한 부분을 강조했다. 마케팅 불변의 법칙에 관한 내용도 설명을 했다. 참으로 긍정적인 반응이었다. 면접을 본 A대표는 빌딩업계에 전설적인 인물이었다. 1년에 빌딩 계약을 우리나라에서 가장 많이 한 인물이었다. 나는 설레기 시작했다. 우리나라 발전의 중심 테헤란로에서 가장 높은 성과를 낸 인물이 나를 좋게 평가하는 것이었다. 결과는 합격이었다.

다음날이 되었다. 나는 바로 다니던 회사에 사직서를 제출했다. 갑작스러운 나의 반응에 직장 상사는 놀라움을 숨기지 못했다. 하지만 나는 결정했다. 다른 직원들에게는 인사조차 하지 않았다. 꿈과 희망이 없는 사람들과 이야기를 해봤자 나에게 득이 될 것은 없었다. 또한 퇴직을 한들 나에게 도움이 될 사람들도 아니었다. 마음이 홀가분했다. 이제 새로운 시작을 하는 순간이었다.

첫 출근을 하는 날이었다. 사무실은 전화 통화 소리로 웅성웅성했다. 나는 새벽 5시에 일어나서 출근을 해야 했다. 그래야 제시간에 도착을 할 수가 있었다. 피곤함을 각오한 일이었다. 엔지니어의 삶에서 벗어나 하루 아침에 부동산, 그것도 빌딩중개업에 도전하게 되었다. 나도 정신이 없는 것은 사실이었다. 나는 정장을 입을 일이 없었다. 그런데 빌딩중개업에서는 정장은 필수이다. 하물며 각종 넥타이나 구두부터 신경을 써야 했다. 나는 꽤 불편했다. 업무를 하면서 나는 기존에 있는 매물 정보를 보면서 놀라움을 금치 못했다. 억 단위가 너무 쉽게 쓰여 있었다. 첫날이기 때문에 나는 자료정리를 해야 했다. '몇백 억 단위의 건물들이 이렇게 많다니.' 어느 정도 예상은 했지만 참 부자가 많다는 생각을 했다.

다음 날이 되었다. A대표는 젊은 직원들을 모아서 따로 모아 회의를 하자고 했다. A는 말했다. 빌딩을 중개한다는 것은 가장 최고의 가치를 파는 일이다. 그러므로 머리카락 하나라도 흐트러지면 안 된다는 것이었다. 사실 나를 빼곤 정장도 하나같이 모양새가 좋은 옷이었다. 구두나 액세서리도 값비싼 물건이었다. 나중에 이유를 물어보니 매수자와 매도자가 중개인을 하나부터 열까지, 차고 있는 시계까지도 본다는 것이다. 나는 괜히 속으로 찔렸다. 여기에서 일하는 중개인들은 하나같이 사연들이 다 있었다. 학벌이 대단히 높은 사람도 있었다. 집안 배경이 좋은 사람들도 많았다. 그렇지만 정반대의 사람들도 있었다. 사기를 당한 사람도 있었다. 막노동을 하다가 일이 힘들어 공인중개사 시험에 합격한 인물도 있었다.

강남 부동산업자들은 우리나라에서 가장 독하다는 사람들만 모아놨다고 한다. 나는 이제야 그런 말을 실감하게 되었다. 각자가 들어보면 사연이 없는 사람들이 없었다. 하지만 공통된 한 가지가 있었다. 그것은 그들에게 꿈이 있었다. 직원들이 나에게 꿈이 무엇인지 물었다. 나는 100억을 버는 것이 목표라고 했다. 그중 가장 엘리트인 B과장이 내게 말했다. "사람은 꿈이 커야 해. 100억 불가능하진 않아." 100억을 번다고 했을 때 긍정적 반응이 온 것은 살면서 그때가 처음이었다. 이들은 꿈과 자기계발에 모든 것을 건 느낌이었고 절실함이 느껴졌다. 나는 그때 이미 100억을 번 기분이 들었다.

# - 3 -

# 대부분의 퇴사 이유는
# 인간관계 때문이다

대부분의 퇴사 이유는 무엇일까? 그것은 인간관계가 대부분이다. 많은 통계자료에도 항상 빠지지 않는 것이 급여와 인간관계다. 나는 후자가 더 중요하다고 생각한다. 내가 알고 지내던 A는 동료들과의 사이가 너무나 좋았다. 나중에 회사가 힘들어져서 월급을 제때 주지 못했다. 그래도 동료들과 일이 끝난 후 노는 것이 좋아서 의기투합했다는 말을 들었다. 나 또한 개인적인 경험으로는 급여나 복지보다 중요한 것이 인간관계라고 생각을 한다. 인간관계에서 스트레스가 쌓이게 되면 일단 직장을 벗어나고 싶다는 생각이 강하다. 급여나 복지는 생각이 나지 않을 때도 많다.

세계적인 인기를 얻고 있는 책, 유발 하라리의『사피엔스』는 우리가 왜 인간관계를 힘들어하는지에 대해 원초적으로 잘 알려준다. 원래 우리 인간은 구석기 시대에 사냥하거나 과일을 따며 음식을 섭취했다. 그러므로 자신의 행동에 큰 제약이 없었다. 먹고 자는 것을 마음대로 했다. 그 후 농경사회로 들어서면서 사람들은 편안해질 줄 알았지만 온종일 땅을 갈면서 일을 해야 했다.

위의 사례가 나는 우리가 인간관계에 스트레스를 받는 이유를 알아낼 수 있는 매우 중요한 단서라고 생각했다. 짐승들은 대부분 사람보다 크거나 빠르다. 그러므로 협동이 매우 중요하다. 그러므로 옆 사람과 신뢰가 쌓일 수밖에 없다. 그러나 농경사회로 들어오면서 네 땅 내 땅에 대한 개념이 생기면서 우리는 경쟁자가 될 수밖에 없었다고 생각한다.

나는 시골에서 자랐기 때문에 직접 손으로 모를 심는 모습을 본 기억이 있다. 그 당시는 마을 사람들이 논에 모내기를 같이 하면서 이웃간 정을 나누는 모습이 흔했다. 하지만 점점 기계가 들어오더니 남의 도움은 필요가 별로 없어졌다. 회사 생활도 마찬가지이다. 컴퓨터 한 대만 있으면 보고든 뭐든 다 할 수 있다. 엔지니어 생활을 할 때도 자동제어로 작동이 되는 기계장치가 많았다. 그러므로 특별히 남의 도움을 받는 일은 없었다. 직장생활에서 개인주의가 심해지는 이유이기도 하다.

나는 농기계 만드는 아르바이트를 한 적이 있다. 거기에서 나는 계약직 사원과 노조원 간의 갈등을 볼 수 있었다. 그곳은 계약직을 2년 정도 해야 하는 곳이었다. 그러므로 계약직 사원들은 원청 직원과 노조들에게 잘 보일 수밖에 없었다. 혹시나 잘못하면 정규직이 될 수 없었기 때문이다. 농기계는 생각보다 구조가 복잡하다. 그리고 하나부터 열까지 손으로 조립을 해야 했다. 그러므로 노동의 강도도 생각보다 강했다. 노동의 강도보다 그곳에서 불편한 점이 있었다. 바로 일하는 사람들의 텃세였다.

계약직이라는 것이 생각보다 사람을 미치게 한다. 나는 그것을 아르바이트하면서 20대 초반에 알았다. 언제 잘릴지 모른다는 압박감과 2년을 낭비한다는 점 때문에 젊은 사람들이 쉽게 나가게 되었다.

나중에 소문으로 들으니 회사 측은 신입사원을 정규직으로 채용하려고 했었다. 하지만 노조에서 자신들의 기득권을 잡으려고 계약직을 요구했다는 것이다. 철저하게 노동자끼리 갑을관계가 되는 것이다. 나는 사회 구조의 잔인한 먹이사슬에 대해 회의감을 느꼈다.

우리가 다니는 회사에서는 항상 구조적으로 피라미드 관계를 유지하게 된다. 그러므로 인간관계는 어려울 수밖에 없다.

직장생활의 인간관계를 힘들게 하는 유형을 정리해보았다.


첫 번째는 회사에 조건 없이 충성하는 사람이다.

내가 수질 관리 업무로 변경이 되었을 때의 일이다. A파트장은 경력이 오래된 인물이었다. 그는 수질 체크를 시간 단위로 하기를 원했다. 그 이유는 다른 팀에서 오염물질을 잘못 보내면 즉각적으로 조치를 해야 한다는 이유였다. 표면적으로는 그랬다. 하지만 정작 중요한 것은 자신이 문제점을 밝혔다는 메시지를 전달하기 위함이 더욱 컸다. 청소에 대한 부분을 엄청 까다롭게 지적했다. 이유는 하나다. 윗사람이 지적할까 싶어서였다. A때문에 퇴사를 고민한 사람들이 열 명 가까이 됐다.


두 번째는 직장의 직위를 이용하는 사람이다.

신입사원 시절부터 사람이 참 좋다고 생각한 B가 있었다. 그러나 직위가 올라갈수록 자신의 직위를 이용하기 시작했다. 사람이 갑자기 변했다. 직위를 악용했다. 말투가 전과 완전히 달라졌다. 특히 신입사원에게 과도한 업무를 지시하는 것도 많이 보였다. 사람은 높은 자리에 앉혀야 본성이 나온다는 말을 그를 보면서 느꼈다.


세 번째는 가스라이팅을 하는 사람이다.

가스라이팅은 요즘 들어 많이 사용하는 단어이다. 타인의 마음을 교묘히 조종해서 타인을 자기 생각대로 살 수 없도록 조종하는 것을 일컫는다. 사실 이런 사람들이 직장인의 대부분을 차지한다. 직장인은 사실 자기 뜻대로 하기엔 시간이나 행동에 제약이 있다. 각각 살아가는 패턴이 다르기 때문에 결국에는 자신이 살아가는 패턴이 옳다고 생각한다. 특히 가스라이팅을 하는 사람들은 자존감이 낮았다. 그러므로 자신의 패턴을 남에게 증명하려고 한다.

네 번째는 앞뒤가 다른 사람이다.

쉬는 시간에 상사를 욕하는 것이 직장생활에서 유일한 낙일지도 모른다. 가끔은 그럴 수도 있는 게 직장생활이다. 하지만 앞과 뒤가 다른 사람들은 조심을 해야 한다. 그들이 언제든지 내 험담도 할 수 있기 때문이다. 나와 같이 근무하던 C는 남의 험담을 생활화하는 사람이었다. 이야기를 듣는 동안은 상사를 때릴 기세였다. 하지만 막상 상사를 만나도 특별한 일이 일어나지 않았다. 말만 그럴싸한 사람들은 나의 정신만 피곤하게 할 뿐이다.

다섯 번째는 꿈과 희망이 없는 사람이다.

이 유형의 사람을 가장 피해야 한다. 극단적으로 말도 섞으면 안 된다. 부정적인 기운의 단어가 하나하나 나에게 영향을 준다. 직장은 노예 생활이다. 노예 생활에 만족을 하는 사람이다. 20대 초반부터 50대 까지 직장인들에게 들은 말은 '회사생활 열심히 하면 된다.'였다. 그러나 그들 중에 지위가 높거나 부자가 된 이들은 없다. 나는 정년퇴직자들의 생활이 어떤지 직접 눈으로 보았다. 60대가 넘어서 다시 취업을 위해 고군분투한다. 퇴직금도 있을 것이다. 그러나 그 퇴직금은 자식이 집 사는 데 보태주면 없어지는 돈이다. 난 꿈과 희망이 있으니 그들과 다르게 살기로 마음먹었다.

 직장에서 인간관계의 스트레스는 피할 수는 없다고 생각한다. 사람이 모인 곳에 문제가 없다면 그것이 더욱 이상한 것이다. 개인주의가 당연시되는 시대에서는 이런 스트레스조차 당연한 것으로 인식이 된다. 직장에서의 인간관계 문제가 직장에서 끝나면 다행이다. 그것이 나의 일상에 지장을 준다면 해결방법을 찾는 노력이 필요하다. 내 나름의 투쟁을 해야 한다. 무기력하게 당하기만 하면 안 된다. 모든 사람과 친하게 지내는 것은 불가능하다. 나는 스트레스에 방어하기 위해 독서를 통해 거부하는 법을 실천했다. 누구에게나 자신만의 인간관계 문제에 대한 대비책이 필요하다. 그런 대비가 없다면 우리는 결국 인간관계 문제로 퇴직할 위험이 크기 때문이다.

# - 니 -

# 자존감 낮은 사람들을
# 피해야 하는 이유

나는 네트워크 마케팅에 우연히 발을 들였다.

   지금은 나왔지만 그곳에서 얻은 교훈은 있다. 흔히 다단계라고 말하
는 이 사업은 나에게 새로운 인생의 방향을 제시했다. 전 미국대통령 도
널드 트럼프가 미국의 토크쇼 데이브드 레터맨 쇼에 참석했다. 진행자가
'당신이 만약 모든 것을 잃고 다시 시작을 한다면 무엇을 시작을 하겠습
니까?'라고 물었다. 도널드 트럼프는 망설임 없이 '네트워크 마케팅을 하
겠습니다.'라고 했다. 청중은 야유했다. 그러자 그가 말했다. '이것이 바
로 당신들은 관객석에 있고 나는 이 자리에 있는 이유.'라고 말했다.

사실 네트워크 마케팅 일은 많은 손해를 감수하는 것이 필요하다. 사람들의 인식이 대체적으로 좋지 않기 때문에 때로는 마음의 상처를 받기도 한다. 하지만 네트워크 마케팅 모임에 참석한 사람들에게는 놀라운 점이 있었다. 돈이 궁한 사람들이 많이 시도할 것 같았지만 실상은 그렇지 않다는 것이다. 나름 돈에 여유가 있는 사람들이 많이 온다. 그리고 그들이 성과도 잘 낸다.

앞에서 IMF 시절에 자신의 사업이 망해 자살까지 생각했던 A이야기를 했다. 그는 감사하게도 나에게 성공에 관한 많은 부분을 알려주었다. 그는 힘든 일을 이겨내고 수십 억대 자산가가 되었다. 사실 내가 A의 밑에서 많은 활약을 하지 않을 것이란 것도 그는 알았을 것이다. 그는 나에게 이렇게 말을 했다. '직장생활로는 절대 부자가 될 수 없다. 또 성공에 대한 욕망이 없는 사람들에게 말해봤자 시간낭비다.' 그의 말이 맞다는 것은 얼마 되지 않아 내가 스스로 증명하게 되었다.

나도 이제부터 가입을 했으니 무엇인가 성과를 보여야 한다는 생각이 들었다. 네트워크 마케팅에서 성과를 많이 내는 직업군이 있다. 보험회사 직원들과 휴대폰 장사꾼들이다. 이들은 사실 사람을 만나서 물건을 파는 일에 익숙해서 별다른 교육 없이도 대단한 성과를 내곤 했다. 그래서 보험회사 B친구에게 내가 하고 있는 일에 대해서 설명을 했다. 나는 당연히 그 친구가 가입할 줄 알았다. 하지만 돌아온 대답은 거절이었다.

친인척까지 포함해서 하루에 다섯 명을 만난 일도 있었다. 하지만 모두 실패했다. 그 당시에는 나에게 문제가 있는 줄 알았다. 하지만 나는 A가 시키는 대로 착실히 수행을 했다. 나중에 실패의 이유를 알게 되었다. 가장 중요한 이유는 내 주위에 성공한 사람들이 없었기 때문이다. 그렇기 때문에 무언가 도전을 하는 것을 두려워했다. 나는 직장생활에 충실하란 말만 주구장창 들었다. 나의 문제는 내가 아닌 환경에 있었던 것이다.

최근까지도 뜨겁게 화제가 된 책이 있다. 엠제이 드마코 저자의 『부의 추월차선』에서 말하는 것이 있다. 성공하기 위해서는 통제력에서 벗어나야 한다. 드마코는 자유로워 보이는 다단계 회사에서도 통제권이 발동한다고 한다. 그렇기 때문에 다단계 회사의 취직이 아닌 다단계 회사를 만들어야 한다고 말하고 있다.

이 책은 내가 다단계를 그만 둔 후 몇 년이 지나서 나온 책이었다. 나도 책에서 말한 다단계의 단점 때문에 그만두었다. 하지만 주목할 점은 다단계 회사에 취직이 아닌 사업을 해야 한다는 점이다. 나에게 많은 조언을 해준 A도 강조하던 부분이었다. 지금 생각해보면 나도 모르게 부자가 되는 수업을 공짜로 들었던 것이다. 나는 그래서 돈은 조금 날렸지만 다단계를 한 것을 후회하지 않는다.

  어쨌든 내가 주목한 점은 다단계의 장단점이 아니다. 내 주변인물들이 새로운 분야에 대해서 어떻게 접근을 하는지 나는 생생히 보았다. 인간관계도 많이 끊어졌다. 다단계분야에서 오랫동안 일한 사람들이 하는 말이 있다. 진정한 다단계는 우리가 다니는 회사란 점이다. 우리들이 당연시 여겼던 회사의 모습을 그림으로 한번 표현해보았다. 정확하게 피라미드 구조이다. 나에게 정신 차리라고 했던 사람들은 나에게 다단계를 더욱 열심히 하라고 말한 셈이었다.

  같은 직장 동료 A의 어머니가 돌아가셨다. 장례식장에 늦게 도착을 했다. 절을 하려는데 A는 내가 절하는 것을 말리는 눈치였다. 나는 정상적이지 않은 상황에서 얼떨결에 절을 했다. 나중에서야 이유를 알았다. 장례를 치를 때 옆에 세워놓은 근조 깃발이 있다. 그것이 없다고 창피해서 절을 못하게 했던 것이다. 나는 두 귀를 의심했다. 자신의 어머니가 돌아가셨는데 근조깃발의 개수에 연연하는 모습이 황당했다. 부모의 장례식장에서도 남의 시선을 의식한다는 것이 슬픈 일이다.

  동료 A가 자신의 불편한 마음을 표현해서 내가 당황했다. 나를 포함한 대부분 사람들은 우리나라의 잘못된 허례허식 때문에 고민을 많이 한다.

나 또한 결혼식을 할 때 친구들이 많이 안 오면 어쩌지 하는 생각을 했다. 문자를 보내고 일일이 전화해서 확인을 했다. 노력의 결과일까. 멀리서 결혼을 하는데도 불구하고 많은 사람들이 축하를 하러 와줬다. 나중에 드는 생각은 허무했다. 사실 나도 결혼을 하기 전부터 내가 한 노력을 회수한 거에 불과하다는 것이었다.

'돈이 없어 가난한 자와는 친구가 되어도, 마음이 가난한 자와는 친구가 되지 마라.' 중국 최대 부호 마윈이 한 말이다. 나는 이 명언을 아직도 가슴에 새기고 있다. 내가 새로운 인생을 살기로 다짐을 했을 때, 나는 우리 아이의 돌잔치에 아무도 초대하지 않았다. 틀에 맞춰지는 인생은 지긋지긋했다. 괜한 허례허식은 하고 싶지 않았다. 나는 그렇게 해서 남들과 다르다는 확신이 서게 되었고 자존감이 높아졌다.

자존감이 낮은 사람들은 실패할 확률이 높다. 아니 그들은 시도조차 안 할 확률이 더욱 높다. 그들의 마음속에는 항상 부정이 깔려 있어서 새로운 마음가짐이나 시도를 하려는 우리에게 안 좋은 영향을 끼치게 된다. 그렇기 때문에 더욱더 나에게 조언을 아끼지 않았던 A와 같은 사람들을 만나는 장소에 돈을 지불해서라도 가야 하는 이유이다. 그것이 단 하루라도 좋다. 나도 자존감이 없었던 사람이다. 하지만 점점 격투기와 독서, 성공한 사람들을 만나면서부터 100억이라는 목표가 생기게 된 것이다. 만약 당신이 100억이 꿈이라는 말을 했는데 주위 사람이 비웃는다면 그 사람을 단호하게 멀리하는 것을 추천한다. 나는 그렇게 해서 자존감이 없는 사람을 쉽게 판단하고 멀리할 수 있었다.

끌어당김의 법칙이라는 것이 있다. 이것은 과학적으로도 증명이 되고 있다. 많은 성공사례도 있다. 당신이 만약 지금 안 좋은 상황이라면 자신의 자존감을 높이는 것보다 먼저 할 것이 있다. 그것은 자신을 피곤하게 만드는 자존감 없는 사람들이 누구인지 파악해서 멀어지는 것이다. 그러면 진정으로 원하는 것에 쉽게 다가갈 수 있는 준비가 끝나는 것이다.

나는 회사의 불법을 참지 못하고 퇴사를 했다. 회사는 무단으로 기준치 이상의 폐수를 방류했다. 사실 이 부분에 대해서 가장 아쉬운 부분은 잘못을 인정하고 윗선에 보고를 하지 않았다는 것이다. 그랬다면 몇 개월 동안 오염수를 배출하는 불법적인 일을 하지 않았을 것이다. 하지만 그 부분을 수정하는 일은 당연히 쉽지 않다. 자신의 커리어에 문제가 되기 때문이다. 주위에서는 잘못을 지적하는 일도 없다. 지금 생각을 해보면 이유는 간단하다. 직장인의 한계이다. 자존감이 없는 사람들이 모이면 안 좋은 결과가 나타나기 마련이다.

# - 5 -

# 부정적인 사람들은
# 나를 피곤하게 한다

'이봐, 해보기나 했어?'라는 명언은 현대그룹의 창업자 정주영 회장의 진취적인 도전 정신을 나타내는 말로 유명하다. 서산 간척지 사업은 순조롭게 진행이 되었다. 그렇지만 마지막 공사가 문제였다. 물살이 세져서 물막이 공사가 잘 되질 않았다. 돌과 흙을 넣게 되면 강으로 물이 흘러갔다. 그래서 공사가 더욱 지체되고 있었다. 정주영 회장은 포기하지 않았다. 그래서 그가 생각해낸 것이 폐유조선으로 물을 막는 것이었다. 결과는 성공적이었고 무사히 간척사업을 마쳤다.

정주영 회장이 어떤 일을 시작하면 항상 반대에 부딪혔다. 부하 직원들은 새로운 도전에 부정적인 의견을 냈다. 그럴 때마다 정주영 회장은 안 되는 방법 말고 되는 방법을 가지고 오라고 지시를 했다. 그런 진취적인 행동으로 그는 우리나라 최고의 부자가 되었다.

나와 대화를 자주 나누던 우리 팀 A는 항상 불만으로 가득 차 있었다. 사람들은 언젠가 그가 회사를 떠나리라는 것을 모두 알고 있었다. A는 쉬는 시간만 되면 나에게 하소연을 했다. 이 회사는 안 된다는 말을 자주 했다. 나도 직장생활에 대해서 부정적이었다. 사실 나도 부정적인 상태로 회사에 다녔다. 하지만 A와 결은 달랐다. A는 또다시 좋은 회사를 찾아 헤매는 중이었고 나는 직장 외의 엄청난 수익이 될 방법을 찾고 있었다.

시간이 흐른 뒤 그는 다행히 우리나라에서 손꼽는 대기업으로 이직을 했다. 그가 나에게 이직한 이유에 대해서 말했다. 이유는 무엇일까? 가장 큰 이유는 답답해서이다. 사실 그도 나이가 꽤 있었다. 우리나라 최고 대기업에 지원해서 합격을 했다는 것은 너무 대단한 일이다. 하지만 나는 그 답답함의 돌파구가 조금은 아쉬웠다. 그는 나에게 물었다. "나는 왜 불안할까?" 내가 그에게 대답했다. "돈이 많지 않아서 아닐까요?"

나도 방향성은 다르지만 A 못지않게 직장에서 탈출하고 싶었다. 그러므로 많은 방법을 연구했다. 나도 직장생활을 하며 긍정적으로 보낸 날이 언제일까 하고 생각을 해보았다. 합격 전화를 받은 날. 그날뿐이었다. 그렇다면 왜 그날뿐일까? 그것은 월급으로는 부를 이룰 수 없기 때문이다. 우리나라는 자본주의 사회이다. 돈이 많으면 인생 대부분의 문제가 해결이 된다.

나는 신혼여행을 하와이로 다녀왔다. 하와이는 지상천국 같았다. 하와이는 우리나라 신혼부부가 많이 가는 신혼여행 코스이다. 더욱 저렴한 동남아로 갈까도 했다. 하지만 나는 세계 최고의 휴양지를 가고 싶었다. 나의 예상보다 훨씬 좋았다. 하늘은 높았고 바다는 에메랄드빛이었다. 이런 곳에서 산다면 세상에서 가장 행복할 것만 같았다.

가이드는 하와이에서 20년을 산 베테랑이었다. 버스 투어를 하는 도중 가이드가 우리 부부에게 말했다. "하와이 사람들은 행복할 것 같죠?" 나는 하와이 사람들이 부럽다고 답했다. 나의 대답에 가이드가 답했다. "아니에요. 가장 살기 좋은 나라는 대한민국입니다. 왜 그런 줄 아세요? 돈 있으면 다 되거든요."

신혼여행 후 가이드의 말이 나의 가슴에 파고들었다. 난 그의 기준에서는 하와이보다 좋은 나라에서 살고 있었다. 단, 부자였을 때 말이다. 우리나라의 의학기술은 세계 최고 수준이다. 비용만 낼 수 있다면 거의 모든 병을 치료할 수도 있다. 부를 이루면 사람도 살릴 수 있다.

나는 사고로 다리를 다쳤다. 인대가 끊어졌다. 다리를 다치면 생활이 엄청나게 불편해진다. 특히 화장실을 가는 것이 가장 곤욕이다. 움직임도 적기 때문에 한 달 가량은 정말 부정적인 상태로 지낼 수밖에 없다. 그래서 침대에 누워있을 때 줄곧 이런 생각을 했다. 나에게 돈이 많아 간병인을 세 명 정도 쓰면 아무 문제가 없을 거라는 상상을 하곤 했다.

나는 인생 대부분의 문제를 해결하기 위해서 많은 도전을 했다. 그중에 내가 한 것은 유튜브 편집과 카카오톡 이모티콘이었다. 우연히 기사에서 이모티콘으로 20억을 번 사람이 소개되었다. 나는 눈이 번쩍였다. 그래서 그 길로 강남에 있는 학원을 등록했다. 나는 친한 친구들과 이것을 같이 해보자고 제안했다. 기사를 직접 보여주고 이모티콘에 대한 유튜브 동영상을 전송했다. 돌아온 대답은 한결같이 "난 그림에 재능 없어."였다.

당시 내가 이모티콘을 배우려고 했을 때 유행했던 패턴이 있다. 흔히 쓰는 그림판 스케치로 아무렇게나 대충 그린 그림이었다. 유치원생도 그릴 수 있는 그림이었다. 그런 그림으로 수억을 번 사람들도 있었다. 나에게는 가능성이 보였다. 하지만 환경적인 요인은 그렇지 못했다. 추천한 내가 바보 같았다. 힘이 빠지는 게 느껴졌다. 이모티콘이 완성되어도 응원을 받지 못하는 것은 당연했다. 나는 더 힘을 빼지 않고 그림을 그리기 시작했다.

이모티콘이 돈이 되는 것이 소문이 난 후 카카오에 등록이 되는 이모티콘 양도 어마어마했다. 그러므로 남들과 같은 방향으로 접근을 하면 나에게는 승산이 없을 것 같았다. 그래서 찾은 해법이 최고보다는 최초가 되자는 것이었다. 이모티콘에는 없는 주제가 없었다.

이 중에서 최초가 되기란 쉽지 않아 보였다. 특히 동물들은 없는 것이 없었다. 그래서 나는 해법을 찾았다. 꽃은 당시 해바라기뿐이었다. 그래서 선택을 한 것은 튤립이었다. 어린 시절 튤립이 참 예쁜 꽃이라는 생각을 해서일까 갑자기 튤립이 번뜩 떠올랐다.

나는 결국 20가지 이상의 그림을 완성 후 홈페이지에 올렸다. 결과는 탈락이었다. 어느 정도 예상은 했다. 내가 배우면서 학원 강사에게 물어봤을 때 가능성은 희박하다고 했다. 선생님도 계속 도전을 했지만 된 적이 없다고 했다. 하지만 가능성이 있는 부분을 포기하면 안 된다고 하는 아주 열정 있는 강사였다.

주말에 꽤 많은 사람이 과정을 수강하는 모습을 보니 직장에서 느끼지 못한 긍정적인 기운이 느껴졌다. 주위에 앉아 있는 많은 사람도 등록이 되기 쉽지 않다는 것을 알고 있었다. 하지만 결국 포기하지 않는 모습이 많은 동기부여가 되었다. 비록 실패는 했지만 후회되지 않는 시간이었다.

나는 현재 책을 쓰고 있다. 책을 쓰는 사람들은 얼마나 될까? 우리나라에 독서를 하는 사람은 약 2% 정도 된다고 한다. 그렇다면 책을 쓰는 사람들은 0.1% 정도 될 것이다. 내가 책을 쓴다고 했을 때 내 주위 사람들의 반응은 말하지 않아도 알 것이다. 예상대로 부정적인 말이 대부분이었다. '그게 되겠어?' 성공해야 쓰는 것이라는 말을 많이도 들었다. 예상한 일이었다. 다단계로 마음이 단련되었다.

직장에서는 대부분 부정적일 수밖에 없다. 자기 생각대로 살아갈 수 없기 때문이다. 지금 자신의 상태가 어떤 상태인지 모르는 경우도 많다. 긍정적인지 부정적인지도 혼란스럽다. 항상 월급은 부족하다. 그러므로 자신도 모르게 결핍의 상태로 하루하루를 보내게 된다. 그러다 보면 세상으로부터 인정을 받지 못했다는 생각이 들기 때문에 다른 사람들을 공격하게 된다. 그런 부정적인 상태로 하루하루 살아가는 것이다.

'뭇매엔 장사가 없다.'라는 말이 있다. 나는 이 말에 매우 공감한다. 1명의 세계 최고의 장수가 100명을 한 번에 이길 수는 없다. 우리들의 상황도 마찬가지이다. 성공에 대한 확신이 있다면 당신은 세계 최고의 장수이다. 하지만 100명의 부정적인 사람들에 둘러 싸여 있다면 당신의 확신은 불확신으로 변한다. 그런 일들을 나는 수도 없이 많이 당했다. 부정적인 사람들 때문에 나의 피로가 쌓이지 않는 방법을 찾아야 한다.

# - 6 -

# 결국 자신의
# 감정 문제이다

〈1MILLION Dance Studio〉를 운영하는 안무가 리아킴은 유튜브 구독자를 2,400만 명이 넘게 보유하고 있는 대형 셀럽이다. 그녀는 춤이라는 열정 하나로 세계대회에 참가했다. 그리고 그녀는 우승 후 긴 슬럼프에 빠졌다. 정상에서 목표를 잃은 것이었다. 우승 후 모든 대회에서 탈락한 그녀는 자신이 배울 것이 남아 있다는 것에 기쁨을 느꼈다. 자신이 기존에 췄던 춤 외의 현대무용에도 관심을 가지게 되었다. 리아킴은 우연한 기회에 페이스북에 춤 영상을 올렸는데 그것이 몇 십만 뷰가 되는 것을 보고 충격을 받는다. 그 후 자신이 있을 곳은 오프라인이 아닌 온라인이라는 것을 깨달아서 지금의 〈1MILLION Dance Studio〉를 건립하고 크게 성공을 했다. 리아킴도 정상을 지키려는 압박감이 자신을 짓눌러 몸이 굳기까지 했다고 한다. 하지만 가장 아래로 떨어졌을 때 오히려 자신의 감정 상태를 바꾸는 도구로 사용했다.

사실 이런 경험은 누구나 있다. 나도 20대 초반 군대 전역 후 세상 무슨 일이든지 할 수 있을 것이라고 생각했다. 내가 왕이 된 줄 알았다. 하지만 몇 주만 지나면 허무한 일상으로 돌아온다. 면접에 합격해 회사에 입사했을 때도 마찬가지이다. 이제 지긋지긋하고 궁핍한 생활에서 벗어날 줄 알았다. 하지만 버는 만큼 나가는 것도 많아 미래가 보이지 않게 되었다. 하지만 그런 미래가 보이지 않는 상황에선 자신의 감정을 바꾸면 많은 것이 달라 보인다.

회사가 전부인 줄 알았던 나였다. 하지만 월급만으로는 결코 행복한 삶을 살 수 없다는 것을 깨달았다. 성공하는 데 있어서 회사가 큰 방해요소라는 것을 깨달았다. 그 후 나는 전과 아예 다른 가치관으로 살아가고 있다. 나의 감정 상태를 바꾸자 세상도 달라졌다. 우리는 생각에 따라서 전혀 다른 인생을 살 수 있다고 나는 믿는다.

우리 집은 수목원에서 가깝다. 부모님께서 우리 집에 놀러 오실 때면 집 앞에 이렇게 좋은 수목원이 있는데 왜 자주 안 가냐고 의아해하실 때가 많다. 사실 부모님은 그럴 만도 하시다. 시골이다 보니 수목원에는 갈 일이 별로 없으셨다. 하지만 생각해보면 우리 부모님만 안 가보셨을까? 수목원 앞에 사는 사람들이 얼마나 되겠느냔 생각을 해보았다. 내가 운이 좋은 것이다. 날씨가 좋은 날이면 차가 막혀 늘 인산인해가 된다. 나는 그런 환경을 특별하지 않다고 생각했다.

며칠 후 이 지역 대표 관광지에 살고 있으면서도 많이 가보지 않았다는 생각이 문득 들었다. 나는 표를 끊어서 수목원에 입장했다. 새삼 오랜만에 오니 상쾌한 기분이 들었다. 푸른 하늘과 녹색 식물들이 한데 어우러져서 나를 기분 좋게 했다. 걸으면서 괜스레 이곳 수목원에 미안한 감정도 들었다. 입장료가 비싼 것도 아니었다. 문득 아버지가 하신 말씀이 떠올랐다. 돌아가신 할머니 말씀을 하시면서 수목원에 빗대어 말씀하셨다. '사람은 가까이 있으면 소중한 걸 몰라.' 공감이 되는 말이었다. 회사 생활에 스트레스를 받았을 때 주차하고 집으로 들어오는 길에 수목원에서 날아오는 향긋한 허브 향기가 나의 스트레스를 완화해줄 때가 많았다. 그런 고마움을 모르고 몇 년을 살았다.

집을 계약할 때 공인중개사가 나에게 말을 했다. "이곳이 이 지역에서 가장 공기가 좋은 곳일 겁니다." 사실 계약을 위해서 한 아부의 말일 수도 있다. 하지만 이곳저곳을 돌아다니다 보면 그 말이 틀리지 않았다는 것을 느낄 수 있다.

모기가 날아와 나를 물거나 벌이 창가에 붙으면 무조건 앞에 있는 수목원을 탓했다. 벌레가 많다는 이유이다. 벌이 날아와 창문가에 있어도 나는 집 주위 환경이 마음에 들지 않았다.

하지만 내가 다른 지역에 살았으면 모기와 벌을 피할 수 있었을까? 그 것도 아니었을 것이다. 지금은 항상 감사한 마음으로 살아가는 데 집 앞 수목원이 참 많은 도움이 된다. 나에게 대가 없이 맑은 공기를 주는 고마운 존재다. 그런 장소를 나는 부정적으로 바라봤던 일이 꽤 많았다. 나의 감정 상태를 바로잡은 후 나는 지역에서 가장 공기 좋은 곳에 산다는 자부심으로 행복하게 살고 있다.

"신에게는 아직 12척의 배가 남아 있습니다." 천만관객을 동원해서 우리나라 영화사상 최고의 기록을 쓴 영화 〈명량〉에 온 국민이 열광했다. 그 이유는 무엇일까? 명량대첩은 12척의 배로 133척의 일본군과 싸워서 승리한 전투이다. 사실 이 기적과도 같은 승리에는 이순신 장군의 확신이 큰 몫을 했다. 부하 장수들이 싸움을 포기하려고 하자 주둔지의 집에 불을 질렀다. 그 후 명대사가 나온다. "죽고자 하면 살고 살고자 하면 죽을 것이다.", "육지라고 무사할 것 같으냐." 이순신 장군은 결국 일본군과의 전쟁에서 승리하였다.

때로는 우리에게 도전을 해야 하는 일이 온다. 상사에게 보고서를 넘겨야 하는 상황일 수도 있다. 대기업의 면접의 중요한 순간일 수도 있다. 사실 우리의 직장생활은 전쟁터라고 한다. 그런 전쟁터로 나가는 데 나는 이순신 장군의 '필사즉생' 각오가 필요하다고 생각한다. 내가 하고자 하는 일은 행동해야 결과가 나온다. 가만 보면 직장에서도 도태된 사람들이 많다. 자신의 의견을 내는 것을 두려워한다. 또 불평불만만 늘어놓으면서 행동을 안 하는 사람도 많다. 또 월급은 적은데 다른 방법을 찾을 생각을 못 한다. 이들은 살고자 해서 죽는 사람들이다.

TV 프로그램 〈나 혼자 산다〉에 탤런트 이시언이 나왔다. 자신이 군대 조교 시절 근무했던 철원에 자신의 후임이었던 고향 후배와 함께 찾아간다. 나도 감회가 새로웠다. 방송을 보는데 옛날 생각이 생생하게 났다.

신병교육대가 화면에 잡히는 순간 나도 모르게 옛 생각이 났다. 군수용품 판매점도 나와서 오바로크를 쳤을 때 생각도 많이 났다. 알고 보니 철원에 간 이유가 코로나로 힘든 후배 때문이었다. 그는 장사하던 가게 두 군데의 문을 닫았다고 한다. 그래서 새로운 마음가짐으로 시작하고자 군대의 고인 물에 입수를 했다.

TV를 다 본 후 알 수 없는 먹먹함이 찾아왔다. 젊은 시절 자신감 넘쳤던 나는 어디로 갔는지 모르겠다. 내 마음속에 자신감을 새까맣게 잊고 살았다. 점점 사회가 바라는 기준에 맞춰 자신감을 잃어갔다. 사회의 시선을 따라 안정적인 것만 좇다 보니 용기가 없어진 나 자신이 느껴졌다. 고민만 하다 실행을 하지 못한 적도 많았다. 내가 정작 중요하게 나아가야 할 방향성을 제시를 못 할 때마다 생각이 너무 많아져서 지치곤 한다.

나의 주특기는 81mm 박격포였다. 포탄을 직접 손으로 잡아서 포신에 넣어 포가 발사되는 순간이다. 포를 직접 손으로 잡고 쏘다 보니 포 사격을 할 때는 긴장의 연속이었다. 첫 발사 되었던 순간을 잊을 수 없다. 다른 소대가 쏜 포탄이 불발되어서 대피한 적도 많다. 하지만 시간이 지나나도 병장이 되면서 그런 무서웠던 순간은 아무렇지 않게 되었다.

지금 와서 생각해보면 포를 처음 잡았을 때의 그 긴장감도 이겨냈던 나였다. 이등병 때는 이곳만 나가면 밖은 천국일 거라고 생각을 했다. 어떤 일이든 행복할 것만 같았던 시절이었다. 이런 생각은 군대를 다녀온 사람이라면 누구든지 알 수 있다고 생각한다.

살아오면서 힘들었던 일을 헤쳐나가고 버텨온 순간은 당연히 있다. 우리는 그렇게 강한 사람들이다. 자신의 감정에 대한 문제가 있다면 바로 자신의 행동을 바로 잡아야 한다. 남의 판단이 아닌 자신의 감정은 스스로 결정하며 살아가는 우리가 되어야 한다.

# - ㄱ -

# 다른 사람의 평가에도
# 자신의 가치를 믿어라

우리나라는 부동산투자에 사람들이 열정적인 나라이다. 뉴스에 부동산 값이 오르고 내림이 나오는 나라는 우리나라밖에 없다고 한다. 그만큼 큰 부가 몰려 있기 때문이라고 생각한다. 조물주 위의 건물주라는 말도 있다. 연이은 규제 때문에 지금의 부동산은 큰 폭으로 올랐다.

지금 청년들에게 집을 산다는 것은 꿈같은 이야기일 것이다. 그렇기 때문에 좋은 아파트에 산다는 것은 그만큼 자신의 가치가 올라간다는 뜻이 된다. 강남에 꼬마 빌딩 정도만 가지고 있어도 조물주보다 더 가치 있는 사람이 된다. 나는 그런 곳에서 일을 하기로 결심을 했다.

내가 빌딩중개를 한 것은 단순히 가장 값이 많이 나가기 때문이다. 한 번의 중개에 수천 수억의 수수료를 벌 수도 있기 때문이다. 하지만 그건 그렇게 호락호락한 일은 아니었다. 처음 사원일 때는 낮은 수수료로 그만두는 이들도 많다. 다른 문제들도 있다. 빌딩도 환금성이 가장 높은 곳은 강남이다. 그 다음이 서초와 송파이다. 아무튼 강남이 가장 빌딩 거래 수요가 높고 그만큼 다른 빌딩중개업체도 많다. 아무리 많아도 매물은 한정되어 있다. 그런데 그런 한정된 곳에서 경쟁을 해야 하는 것이다.

빌딩 업계에서 팀장을 달면 수수료를 많이 받는다. 내가 들은 바에 따르면 30대 이상 잘나가는 팀장들은 연 20억도 버는 사람들이 있다는 것을 들었다. 나도 할 수 있다고 생각을 했다. 하지만 그런 멋진 모습만 보고 들어왔다가 낭패를 보는 사람들이 많다.

왜 낭패를 보는 사람들이 많을까? 이유를 알아보자.

첫째, 빌딩을 소유한 사람들은 모두 산전수전 겪은 사람들이다. 그렇기 때문에 이들은 100억짜리 매매를 할 때 자신이 정한 금액에서 벗어나면 단칼에 거래를 끊는다. 사실 나 같은 서민들은 1~2억 정도 깎아주고 빨리 현금을 확보하는 것이 낫겠다고 생각하지만 부자들은 돈을 사랑하고 소중하게 생각한다. 그것이 내가 놀랐던 점이었다.

둘째, 매수·매도자를 확보를 하는 것이 말처럼 쉽지 않다. 빌딩중개 업체뿐만 아니라 일반 부동산 업체도 인맥으로 매수·매도자를 확보하기도 한다. 또한 빌딩 특성상 매수·매도가 특수한 경우가 아니고선 아파트만큼 활발하지 않다. 그렇기 때문에 1년 이상 거래를 못하는 사람들이 수두룩하다.

셋째, 같이 일하는 사람들은 동료이자 가장 큰 경쟁자이다. 자신이 공인중개사를 땄다고 해도 누구도 빌딩에 대해서 알려주는 사람이 없다. 그렇기 때문에 직장인 마인드로 다가왔다간 큰 낭패를 볼 수 있다.

넷째, 마음의 상처를 각오해야 한다. 모든 업무의 거의 대부분은 전화로 이루어진다고 해도 과언이 아니다. 전화를 해보면 알겠지만 우리나라의 통화예절은 전 세계에서 가장 나쁘다고 생각한다. 신경질적으로 받는 것은 물론이고 신고를 한다고 말하는 사람들도 있다.

다섯째, 왜 우리나라에서 가장 독한 사람들이 모이는 곳인지 일을 하다 보면 알게 된다. 솔직히 보통 사람과는 다른 성향의 사람들이 부동산에서 두각을 낼 것이다. 그만큼 남의 시선을 신경 쓰지 않는 멘탈이 필요하다. 어떻게든 나만 살면 된다는 마음가짐이 필요하다. 실제로 그런 사람들이 성과도 잘 낸다.

하지만 이 모든 단점을 하나의 장점으로 커버하는 방법은 오직 딱 하나가 있다. 그것은 '가능성'이다. 사실 내가 직장생활을 하면서 보지도 듣지도 못할 것을 많이 접하게 된다. 또한 직장생활로 20억을 벌 수 있는 직업이 얼마나 있을까란 생각을 해본다. 사실 3대 기업 임원을 해야 받을 수 있을까 말까한 금액이다. 그런 가능성이 있기 때문에 나는 과감히 사표를 던지고 아무것도 모르는 상태로 빌딩중개업에 뛰어들었다.

1년 전의 일이다. 나는 마케팅과 관련한 책을 보았다. 유튜브의 중요성에 대해서 크게 깨닫고 편집기술을 배웠다. 내가 굳이 빌딩업을 선택한 이유가 있었다. 당시엔 빌딩중개업의 유튜브가 많이 활성화 되지 않았다. 가끔 매물정보에 대한 영상이 떴다. 조회 수가 많으면 300회 정도였다. 나는 그것에 가능성을 느꼈다. 300조회 수가 발생한 매물이 있다면 재조회 수로 자르게 되더라도 30명 정도는 매수자라는 가정을 했다. 빌딩 구매 의사가 확실한 사람이라고 나만의 가설을 세워보았다. 30명이 모두 어마어마한 자산가라면 그 가치는 상당한 것이었다. 내가 그동안 고민을 했던 다른 유튜브 콘텐츠보다 파급력이 있다고 생각했다.

일단 빌딩업에 적응을 한 후 조금씩 영상을 제작하기 시작했다. 내가 한 영상이 무엇이냐면 대단한 것이 아니었다. 단지 슬라이드 쇼로 기존에 있는 캡처 사진을 슬라이드화한 것에 불과했다. 하지만 하루 뒤 효과는 금방 나타났다. 내가 영상을 제작한 것은 금요일이었다. 월요일에 출근을 했다. 매수자의 연락이 가장 많이 오는 날이었다고 한다. 효과가 나타난 것이다. 좋은 매물이더라도 팔리지 않으면 소용없는 물건이었다. 그렇기 때문에 마케팅은 그만큼 중요하다.

유튜브가 활성화된 것은 불과 몇 년 전의 일이다. 그 전에는 사람들이 블로그로 많이 유입이 되었다. 그렇지만 점점 유튜브로 사람들이 정보를 찾는 것으로 이동을 했다. 나도 편집기술을 학원에서 배우기 전에 아무것도 모르고 먹방을 시도한 적이 있다. 그냥 먹는 것만 해도 조회 수가 100만은 거뜬히 넘는 것을 보고 나도 할 수 있겠다는 생각을 한 것이다. 사실 나는 먹성도 뛰어난 편이라서 어느 정도 자신이 있었다. 하지만 나중에 알았다. 먹방이 가장 힘든 유튜브 방송 중 하나였다. 일단 카메라 각도부터 잡는 것이 일이었다. 어떻게 하는 것이 맞는 것인지 도무지 갈피를 못 잡았다. 또 ASMR이라고 해서 웬만한 녹음기로는 유튜브 시청자들을 만족시킬 수가 없었다. 비싼 것은 1,000만 원까지 하는 마이크도 있었다. 식비도 만만치 않았다. 내가 처음 시도를 한 것은 돈가스 6개였다. 의지로 6개를 모두 먹었다. 먹성이 좋은 나도 너무 힘이 들었고 소화제를 먹어야만 했다.

많은 시행착오 끝에 나는 나만의 방법을 찾았다. 그래서 부동산의 '부'

자도 모르는 사람이 매수자를 확보할 수 있었다. 공인중개사를 따기 위해서 드는 시간은 빠르면 1년이다. 하지만 보통 한 번에 합격을 하지 못하는 사람들도 부지기수이다. 나는 성격이 급하다. 그렇기 때문에 그 시간을 기다릴 수 없었다. 독서를 통해서 중요한 것은 자격증이 아니라 마케팅에 있다는 사실을 깨닫지 못했다면 나는 지금까지도 자격증에 매달렸을지 모를 일이다. 시험 또한 너무 많은 중개업자가 나오는 바람에 점점 더 어려워지는 추세이기 때문이다.

내가 빌딩중개업을 한다고 했을 때 엄청나게 부정적인 말을 들어야 했다. '지금은 늦었다, 중개사 자격증을 따야 한다, 도전하는 사람들이 너무 많아서 실패를 할 것이다.'라는 말이었다.

나에게 부정적인 말들을 하는 사람들의 상황을 보았다. 부동산 일을 해본 적이 없다. 공인중개사 자격증도 없다. 유튜브를 해보지도 않았다. 도전하는 것을 두려워했다. 나는 이들의 말을 듣는 것은 시간 낭비라고 생각했다. 내 주위에 있는 사람들은 나의 가치를 믿지 못했던 것이다. 하지만 나는 나의 가치를 믿었다. 어렸을 때부터 호기심이 강했다. 그렇기 때문에 다양한 아르바이트를 통해서 사회경험을 쌓았다. 덕분에 많은 사람들을 만났다. 그런 인생경험은 나에게 큰 자산이 되었다. 그렇기 때문에 나는 흙수저에 학벌이 낮아도 다른 사람들보다 뛰어날 수 있다는 자신감을 얻었다.

내가 체육관을 다니던 시절, 복싱선수나 종합격투기인 MMA 선수와 스파링을 해도 나중에는 떨리지 않았다. 물론 처음에는 무척 떨렸다. 다리가 후들거렸고 심장이 입으로 나올 것 같았다. 하지만 인간은 적응의 동물이다. 많이 맞으면 맞는 대로 적응을 하기 마련이다. 나중에는 평소 때와 똑같은 심장박동을 유지하는 자신을 발견할 것이다. 자신의 가치를 믿기를 바란다. 우리는 생각하는 모든 것을 이룰 수 있다. 자신의 가치는 자신만이 믿을 수 있다는 것을 명심하자.

# 인생을 이끌어나가는 것은
# 결국 자신이다

인생을 이끌어나가는 것은 결국 자신이다. 엔지니어 생활을 할 때 있었던 일이다. 직장에서 스트레스를 어떻게 풀까 고민을 하던 중 우연히 UFC경기를 봤다. 사실 나도 고등학교 때 MMA를 배우고 싶었지만 체육관이 흔치 않았다. 이제는 시간이 많이 흘러서 대중화가 되었다.

직장생활 때문에 운동을 안 해본 지 꽤 되었다. 나 자신을 바꾸고 싶었다. 집에서 조금 떨어진 곳에 MMA 체육관이 있었다. 월, 수, 금은 주짓수, 화, 목은 타격이었다. 새로운 것을 경험하는 것을 좋아하는 나다. 그래서 바로 등록을 했다.

내가 등록을 하는 곳은 전국대회도 우승을 많이 한 곳이었다. 사람이 많다는 것은 그만큼 스파링을 하기에도 유리하다는 것을 의미한다. 괜찮은 선택이라는 생각을 했다. 수업을 듣는데 숨이 너무 차올랐다. 운동을 너무 안 해서인지 입에서 피 맛까지 났다. 나의 숨소리에 다른 사람들이 걱정할 정도였다. 나는 앉을 힘도 없어서 누워 있었다.

스파링 시간이 왔다. 나는 타격만 해봤지 그래플링은 처음이었다. 주짓수는 꽤 오랜 수련을 해야 만족스러운 결과가 나는 운동이다. 나는 덩치가 큰 편이다. 그런데 나보다 체구가 작지만 오래 훈련을 한 A는 나를 장난감 가지고 놀 듯이 했다. 나는 A가 끄는 방향으로 뒹굴기만 했다. 유도를 했었기 때문에 어느 정도는 대응이 될 줄 알았다. 하지만 전혀 다른 움직임과 규칙이었다.

내가 정말 작아지는 느낌이었다. 나름대로 자신이 있었다. 하지만 왜 주짓수가 체격이 작은 사람도 큰 사람을 이길 수 있는지 알게 되었다.

다음날은 타격이었다. 운동을 많이 쉬었던 탓에 또다시 걱정이 되었다. 역시나 준비운동만 해도 숨이 차올랐다. 다른 사람에 비해서 땀이 비 오듯 떨어졌다. 타격 훈련 역시 많은 체력소모로 힘든 운동이었다. 그렇기 때문에 나는 서 있는 것조차 힘이 들었다.

스파링 시간이 되었다. 이직하기 전 나는 장사가 잘 안 되는 곳에서 새 도복싱만 8개월가량 한 것이 다였다. 나와 상대해 줄 사람이 없었기 때문에 가뭄에 콩 나듯 스파링만 했을 뿐이다. 그래서 몹시 떨렸다. 하지만 놀라운 일이 발생했다. 내가 타격에서 전혀 밀리지 않는 것이다. 아니 그들 중 상위 수준이었다. 손쉽게 주먹을 피하기도 했다. 내가 쉬지 않고 8개월가량 거울을 보면서 연습을 한 것이 오랜 시간 뒤 이렇게 나타날 줄은 꿈에도 몰랐다. 나는 자신감이 차올랐다. 하지만 역시 체력이 문제였다. 손을 뻗고 이내 나 혼자 지쳐 자빠졌다.

집으로 돌아와서 잠이 들려고 했지만 떨림이 멈추지 않았다. 나도 내가 그렇게 잘할지는 몰랐다. 복싱 관장님이 말한 것이 떠올랐다. "지금 지겨워도 이게 많은 도움이 될 거야." 사실 정말 아주 많이 지겨웠다. 첫 직장 스트레스 때문에 나는 복싱 실력은 중요하지 않았다. 그냥 펀치를 날릴 때마다 나에게 스트레스를 주는 사람들을 한 명씩 떠올리는 것만으로도 분이 풀렸기 때문에 한 것이었다.

운동을 하다 보니 나에게 복싱에 관해서 물어보는 사람까지 생겼다. 나는 최대한 내가 들은 것을 정확하게 전달하려고 노력했다.

스파링 시간이 되었다. 나는 MMA선수 출신과 가볍게 스파링을 했다.

사실 나보다 실력이 월등한 선수다. 그렇지만 나도 그 선수에게 충격을 주거나 선수가 날리는 주먹을 피하기도 했다. 엄청 맞았다. 하지만 나는 뿌듯했다. 선수 출신과 스파링을 한 것만으로도 나에게 큰 도전이었기 때문이다. 그 이후 삶에 자신감이 많이 생겼다.

가끔 운동을 하다 보면 나이가 많은 분도 많이들 오신다. 그중에는 대회에 참가까지 하시는 분들도 있다. 그런 분들을 보면 존경스럽다. 자신의 나이에 상관없이 나보다 더 좋은 체력으로 어느 때 보다 열심히 하시는 분들도 있다. 주짓수로 고수도 많다. 나이가 많아 안 된다고 말하는 사람들이 내 주변에는 많이 있었다. 그들은 이런 도전 자체를 하지 않는 사람들이다. 실제로 말만 청산유수인 경우가 많다. 결국 만들어가는 것은 자신인데 말이다.

나는 평범하게 자랐다. 아니 훨씬 이하였다. 내가 사는 곳은 시골이었기 때문에 무언가 자기 계발을 하는 것이 어려웠다. 우연히 TV에서 작곡가들이 토크쇼에 출연해 이야기 나누는 것을 보게 되었다. 저작권에 관한 이야기가 나왔다. 중학생 시절 저작권이 많으면 부자가 된다는 확신이 섰다. 그래서 없는 형편에 기타학원을 다녔다. 나는 기타를 살 생각은 못했다. 그냥 학원에서 하면 될 거라고 생각을 했다. 그렇게 몇 년을 다녔다. 그 후 선생님이 멋진 전기 기타를 가지고 오셨다. 깁슨 브랜드의 고급 기타였다. 그런 기타가 3대 정도 있었다. 선생님께 가격을 물어보았다. 300만 원이 넘는 가격이었다. 그것뿐 아니었다. 다른 장비도 고가의 장비였다. 소리를 바꿔주는 효과, 앰프도 필요했다. 나는 결국 3개월 만에 기타학원을 그만두었다. 기타를 포기한 후유증이 오래갔다. 성인이 되어서도 가슴 한쪽에는 우연히 기타만 보면 그때 당시 사춘기 시절이 떠올랐다. 나에게는 그 시절은 안 좋은 기억으로 자리 잡았다.

우연히 음악 사이트에서 '레이지 어게인스트 더 머신'이란 그룹에 관한 기사를 보게 되었다. 구성원 중 전곡을 작곡하는 기타리스트 톰 모렐로가 있다. 전설적인 기타리스트 지미 헨드릭스의 현대판으로 불린다. 모렐로가 본격적으로 음악을 시작한 것은 대학입학 후였다. 그는 다른 유명 기타리스트보다 훨씬 늦게 음악 활동을 시작한 것이다. 그의 학력 또한 화려하다. 그는 하버드에서 사회학을 전공했다. 그는 '하버드를 나온 후 장점은 오직 아르바이트를 구할 때뿐이었다.'라는 말을 남겨 화제가 되기도 했다.

그의 기사는 나의 과거를 반성하는 계기가 되었다. 나는 그보다 2년이나 앞서서 기타를 잡았다. 하지만 결국 나의 주위 환경을 탓하여 기타를 포기한 것이다. 사실 트라우마 때문에 20대 초반 악기점을 들른 적이 있다. 하지만 부정적인 마음이 쉽게 들었다. 바로 악기점을 나오고 말았다.

톰은 뉴욕 할렘가 출신이었다. 그의 아버지 국적은 케냐였고 반군 출신이었다. 그의 어머니는 여성 운동가였고 전쟁을 반대하는 데 앞장섰다. 그는 평범하지 않은 부모 밑에서 자란 것이다. 또한 인종차별을 당하면서 유년 시절을 보낸다. 그가 다닌 고등학교는 백인들만 사는 곳이었다. 자수성가로 세계 최고의 대학에 입학을 해서 음악의 뜻을 품고 도전을 했다.

내가 만약 모렐로 같이 하버드 출신이었다면 과감하게 음악 활동을 했을지 의문이다. 주변에 보이는 것에 따라 제한적인 생각에 갇혀서 인생의 방향성을 남들이 하는 대로 살진 않았을까 하는 생각을 해본다. 우리는 24시간 치열하게 살고 있다. 하지만 결국 치열함 속에서 더 멋진 나를 위해서 앞으로 나아간다. 우리가 비록 지금은 안정적인 직장에 있더라도 그들이 추구하는 방향대로 살아갈 필요는 없다. 남들과 조금이라도 다른 삶을 살 때 우리는 결국 나의 인생을 이끌어갈 수 있다.

니장

# 스트레스로부터 나를
# 지키는 ㄱ가지 연습

- 1 -

# 스트레스 받는
# 습관과 결별하라

미국 최고의 자기계발 전문가 제임스 클리어 저자의 『아주 작은 습관의 힘』이라는 책은 지금 현재까지도 많은 유튜버들에게 소개가 되고 있는 베스트셀러이다. 이 책에는 베트남에 파병 가서 헤로인에 중독된 군인의 이야기가 나온다. 파병된 군인들은 15% 이상의 헤로인 중독을 보였다. 전쟁이 끝난 후 그들을 추적 조사했다. 그 후 놀라운 사실을 발견했다. 군인들 중 1년 안에 다시 중독이 된 이들은 5%였고 3년 안에는 12%였다.

최근 연구결과에서 흥미로운 사실을 알아냈다. 연구자들은 자제력이 높은 사람들을 추적했다. 이들은 자제력을 높일 수 있는 이유를 말했다. 그들은 유혹적인 상황에서 보내는 시간이 적었다. 엄청난 자제력을 가진 사람들은 자제력을 발휘할 상황을 최소화한 사람들이다.

담배는 백해무익하다고 한다. 국가 금연 지원센터에서 내놓은 분석을 보면 하루 한 갑 이상 피는 성인 흡연자는 비흡연자보다 스트레스 1.9배, 우울감 1.7배, 심지어 자살생각은 2배나 높다고 한다. 청소년도 이런 위험이 비흡연 청소년보다 1.3배에서 1.5배 더 컸다. 담배를 피우면 도파민을 높여서 쾌감을 느끼게 한다. 니코틴 수치가 감소를 하면 다시 우울증이 발발한다. 스트레스 지수가 높아진다고 보도했다.

나 역시도 담배를 20대 초반에 3년간 피웠다. 내가 담배를 피우게 된 계기가 무엇일까. 생각해보았다. 역시나 환경의 문제였다. 군대에 있을 때 담배는 필수품이었다. 그러나 대학생 때 기숙사에서 같이 생활하는 친구들이 용돈이 부족하자 담배를 끊기 시작했다. 그러다 보니 너도나도 담배를 끊고 어느 순간 금연하는 환경이 되었다. 덕분에 나도 담배를 쉽게 끊을 수 있었다.

담배를 끊은 사람과는 상종도 하지 말라는 말이 있었다. 하지만 지금은 그런 말이 통하는 시대는 아니다. 과거 우리나라는 OECD국가 중에서

흡연율이 1등이었다. 지금은 3위 정도의 순위를 유지하고 있다.

직장에 다니다 보면 갑작스럽게 금연이 유행할 때가 있다. 한 명이 끊으면 자신도 뒤처지는 것이라는 생각이 들어서 너도나도 금연을 한다. 그렇게 전 팀원이 금연을 한다. 그들 중 성공과 실패가 나뉘게 된다. 이때 조금 신기한 상황을 목격할 수 있는데 자신이 친한 사람이 피우면 자신도 피우고 그 사람이 끊으면 자신도 끊는다. 나는 이 부분에 주목을 했다. 담배는 흔히 마리화나보다 중독성이 강하다고 한다. 하지만 우리가 만나는 사람이나 일상의 환경이 마약보다 더한 것을 끊을 수도 있는 힘을 발휘한다는 사실이다.

자신이 스트레스를 받는 환경에 노출되는 횟수부터 줄이는 것이 우리가 명심해야 할 첫 번째이다.

흡연 못지않게 우리에게 위험한 습관이 있다. 그것은 바로 음주이다. 우리나라 사람들의 음주량이 세계 최고 수준인 것은 많은 미디어에 소개가 되어서 잘 알 것이다. 직장에 다니면 회식문화에 익숙하기 있기 때문에 내가 싫더라도 술을 많이 마신다. 1차에서 끝나면 다행이다. 그렇지만 2차, 3차까지 술을 마시기 때문에 다음날 출근에 지장을 준다. 요즘은 개인생활도 중요시하기 때문에 회식을 목요일에 많이 하는 추세이다. 그러다 보면 금요일에 출근을 해야 하는데 그것 또한 술이 약한 나에게는 엄청난 곤욕이었다.

나는 술을 한 잔도 못 마신다. 내가 술을 못 마시는 체질은 어머니를 닮았다. 하지만 아버지는 정반대이시다. 식사 때도 꼭 맥주를 마시는 습관을 가지고 계신다. 술을 한 잔만 마셔도 얼굴이 불타오르는 것처럼 되어서 나는 술 자체를 입에 대질 않는다.

술은 WHO에서 발암물질로 정했다. 술을 먹고 빨개지는 현상은 동아시아권에서 많이 나타난다. 우리가 술을 마시면 간에서 알코올을 분해를 한다. 이 과정에서 아세트알데히드란 물질이 나오는데 다시 간을 통해서 아세트산으로 바뀐다. 선천적으로 알데히드 분해요소가 부족한 사람들은 얼굴이 빨개지게 된다. 왜냐하면 아세트알데히드를 배출하지 못하기 때문에 몸에서 혈액을 빠르게 순환시켜서 배출을 시도하는 과정에서 얼굴이 빨개지는 것이다. 이 방법으로도 부족하다면 구토를 하여 몸에서 배출이 되는 것이다.

'알코올 플러시 리액션'이라고도 하고 '아시안 플러시'라고 하는 이 반응을 나는 선천적으로 가지고 있다. 입사 때마다 이런 자리에서 억지로 마셔야만 하는 나는 거리에서 쓰러진 적도 있다.

그렇기 때문에 항상 술을 먹을 때마다 절제를 하고 정신을 똑바로 차리는 것이 버릇이 되었다.

최근 들어 우리나라를 떠들썩하게 했던 사건이 있다. 그 사건은 '한강 실종 의대생 사건'이다. 두 학생이 한강에서 술을 많이 먹고 한강에서 음주를 했다. 그 후 한명이 실종해서 익사한 사건이다. 이 사건은 내가 책을 쓰고 있는 지금까지도 명확한 사실이 나타나지 않고 있다. 살인사건인지 아니면 단순 사고인지에 대한 문제는 여전히 뜨겁다. 젊은 생명이 너무 허망하게 물 위에 떠올랐다는 사실은 참 안타깝다.

술이 약한 내 입장에서 볼 때는 이 사건이 더욱 안타깝다. 사회적으로 큰 이슈가 되어서 내가 말하기는 조심스럽다. 하지만 결론이 어떤 것이든 문제의 핵심은 술이라고 생각한다.

술은 사람의 뇌를 일시적으로 마비시킨다. 그렇기 때문에 충동적인 행동이 나올 수 있고, 사건사고도 잦은 것이다.

내가 자취를 하던 시절에 나는 번화가에서 원룸생활을 했다. 항상 밤만 되면 고성방가가 난무했다. 싸우는 소리는 주말마다 들렸다. 그래서 초반에는 잠을 자는 것이 많이 불편했다. 익숙해지고 아무렇지 않게 잠이 드는 데는 꽤 오랜 시간이 걸렸다. 번화가에 있는 집이었기 때문에 항상 담배를 피우는 사람들과 술을 먹는 사람들이 넘쳐났다. 둘 다 안하는 나의 입장에서는 길거리를 지나는 것이 곤욕이었다. 싸움이 있고 사고가 있는 곳에는 항상 술과 담배가 있었다.

술과 담배가 오히려 스트레스를 높인다는 연구 결과는 얼마든지 있다. 그만큼 우리 사회에 스트레스가 많아 잘못된 방법으로 스트레스를 이겨 내려 하기 때문에 나온 결과이다. 사실 사람을 가장 많이 죽이는 대표적인 두 가지가 술과 담배이다. 그만큼 반드시 멀어져야 할 대상이다. 이 두 가지를 멀리하지 않고 스트레스가 없길 바란다는 것은 욕심이다.

# - ㄹ -

# 가끔은 감정의 스위치를
# 끄는 게 최선이다

내가 독서를 시작한 것은 엔지니어 생활을 했을 때부터였다. 2년 전이었다. 회사의 불법 방류로 인해서 내 인생은 송두리째 바뀌게 되었다. 삶의 의미가 궁금해졌다. 또 부자가 되고 싶은 마음도 간절해졌다. 그런 스트레스를 이기지 못하고 정신과 약도 먹었다. 나에게 왜 이런 일이 일어났는지 미칠 지경이었다. 그래서 내가 선택한 것이 독서였다.

성공한 사람들의 책을 닥치는 대로 보았다. 유튜브 영상으로도 성공과 의식 확장에 대한 부분을 내 나름대로 연구 했다. 연구결과, 성공한 사람들이 빠트리지 않고 하는 것이 있었다. 그것은 명상이다. 명상을 하면서 자신의 감정 상태를 긍정적으로 바꾸고 성공하게 된 것이다.

세계적으로 가장 최고의 부자라고 하면 떠오르는 인물이 있다. 그는 바로 빌게이츠다. 빌게이츠가 추천한 명상관련 책이 있다. 저자 앤디 퍼디컴의 『당신의 삶에 명상이 필요할 때』란 제목의 책은 국내에서도 유명 북튜버들이 추천을 해 큰 화제가 되었다. 앤디는 세계에서 가장 유명한 어플리케이션중 하나인 헤드스페이스를 설립했다. 그의 연매출은 1억 달러(우리나라 돈으로 1,200억)에 이르고 있다.

퍼디컴이 강조하는 단어가 있다. 그것은 '마음 챙김'이다. '마음 챙김'은 원래 불교의 '사띠'라고 하는 '지금 일어나고 있는 일을 그대로 알아차리는 것'을 뜻하는 용어로, 최근 심리학자와 뇌 과학자들이 우리식으로 표현한 말이다.

그는 2012년 TED 강연에서 명상에 대한 강의를 했다. 그는 우리가 아무생각을 안한 것이 언제인지 생각해봐야 한다고 했다. 관객들은 그저 멍하니 그를 바라보기만 했다. 그러나 그는 이야기를 계속해나갔다.

"우리가 하는 일에 최선을 다하도록 만드는 것은 마음이다. 그렇지만 우리들은 마음을 돌보기 위한 시간을 돌보지 않는다."

많은 사람들이 명상은 마음을 조절하는 것으로 알지만, 그것보단 '뒤로 물러서서 생각을 바라보는 것'과 흡사하다고 한다.

나는 살면서 정신과를 가야겠다는 생각을 한 적은 없었다. 그 당시에는 우울증 약을 복용했어도 그 순간만 약이 듣고 별 다른 효과는 없었다. 그래서 명상을 해보았다. 처음에는 집중이 되지 않았다. 자세 또한 어떻게 해야 할지도 몰랐다. 10분을 하려고 가부좌를 틀고 노력해보았지만 잘 되질 않았다. 그래서 시간을 1분으로 정했다. 효과는 있었다. 1분만 시도를 해보자는 생각으로 명상을 하였다. 사실 찾아보면 명상의 방법들과 효과들이 엄청나게 많아서 오히려 마음이 더욱 복잡해진다. 마음을 챙기려고 명상을 하는데 그것이 스트레스로 작용을 할 때도 있었다. 그럴 때는 1분만 해보자는 마음으로 해보고 점점 시간을 늘려보자. 지금 나는 20분 동안 명상을 하게 되었고 약을 끊는 데 많은 도움을 얻었다.

명상의 종류는 다양하다. 자비명상, 통찰명상, 집중명상, 현존명상, 나무명상, 커피명상, 티벳명상 등 종류가 너무나 많다. 어떤 명상을 하는 게 좋은지 고민하는 것이 스트레스로 다가왔다. 그렇기 때문에 무엇이든 일단 어느 하나를 먼저 실행하는 것을 추천한다. 어떤 것이든 처음에는 잘 되지 않기 때문이다. 하지만 확실한 것은 효과가 과학적으로 입증이 되었다는 것이다. 스트레스 완화, 집중력 향상, 노화 방지 등 정보를 찾아보면 너무나 많다. 결국 이런 노력이 우리의 감정을 올바르게 사용한다는 확신이 갖고 실행해보는 것이 우리 삶을 풍요롭게 할 수 있을 것이다. 일단 실행이 먼저다! 해보는 것이다!

감정의 스위치를 끄려고 해도 우리가 삶을 사는 동안 그러기란 쉽지 않을 것이다. 감정이라는 것은 결국엔 사람과의 관계에서 나타나는 것이다. 그런 사람과의 관계를 아예 끊으면서 살 수는 없기 때문이다. 그 관계에서 가장 크게 우리를 힘들게 하는 것은 인정받으려는 욕구이다.

나는 엔지니어 시절 정말 회사에 충성하려는 다짐을 했다. 그래서 신입사원 시절 나는 나의 의지를 보여줄 날만 기다리고 있었다. 당시 우리는 분기별로 분임조 회의라는 것을 했다. 각각 그룹 상무가 보고를 듣고 평가를 하는 시스템이었다. 나중에는 그렇기 때문에 자료준비를 철저히 해야 했다. 분임조 회의는 원래 없었는데 내가 신입사원이 된 이후 새로 생겼다. 나는 신입사원으로서 자리를 잡을 때라고 생각을 했다.

처음 하는 보고였기 때문에 파트장부터 대리까지 초긴장 상태였다. 나는 막내였기 때문에 발표자로 낙점되었다. 부담이 됐지만 이왕해보는 것 잘하자는 마음을 먹었다. 그중 나온 아이디어가 있었다. 바로 제품 포장 라인이 변경되었는데 그 라인들의 설계도면을 그려 수정을 하자는 것이었다. 사실 우리의 업무가 캐드프로그램을 쓸 일은 별로 없었다. 하지만 나는 운이 좋게 학창시설 캐드를 많이 했다. 하지만 문제가 있었다. 꽤 시간이 지나다 보니 기능을 잊어버린 것이었다. 하지만 배운 가락이 남아 있을 거라고 생각했다. 서점에서 캐드 책을 바로 샀다.

포장라인의 도면을 수정을 하려는 데 문제가 있었다. 작업 중인 근무자들이 불편해하는 것이다. 나는 도면을 수정하기 위해서 기존의 포장라인과 지금의 수정 포장라인 차이를 체크해야 했다. 눈으로 보면서 일단 손으로 스케치해야 했던 것이다. 포장라인이 가동될 때 도면을 수정을 하는 것은 작업자 때문에 한계가 있었다. 그래서 나는 포장라인이 가동이 되지 않을 때 도면을 수정해야 했다. 그래서 나는 새벽 4시에 출근을 하였다. 그렇게 일주일간 조사를 한 끝에 결국에는 도면을 완성했다.

완성된 도면을 발표하는 자리에 내가 수정한 내용이 붙어 있는 것을 보니 뿌듯했다. 발표도 해야 해서 발표연습까지 리허설을 했다. 긴장이 되었다. 발표는 성공적으로 끝이 났다. 안도의 한숨을 쉬고 일상적인 업무를 다시 시작했다. 끝나고 나니 허무한 생각도 들었고, 앞으로도 새벽에 나오는 고생을 해야 한다고 생각하니 조금은 아찔했다. 하지만 나는 신입사원이었고 간절히 이직을 바래왔던 중이었다. 걱정되는 마음은 그저 내려놓기로 했다.

문제는 며칠 후였다. 나는 최우수사원이라는 메일 공지를 받게 되었다. 뿌듯했다. 하지만 나의 뿌듯함은 오래가지 않았다. 회의가 끝나고 별도로 회식을 하고 포상금이 있었다. 정확하지 않지만 30만 원에서 50만 원 사이였다. 우리 팀이 회식을 하게 되면 하루에 없어지는 돈이었다. 나는 술도 잘 먹지 않는다. 그렇기 때문에 나의 긍정적인 생각은 오래가지 못했다. 허무함이 밀려들어왔다. 열심히 집을 지키다 주인님에게 간식을 얻어먹는 짐승이 된 기분이었다.

한 달에 두 개의 개선안을 내야 하는 상황도 나에게 스트레스였다. 최우수 평가를 받게 되면 받는 돈은 만 원이었다. 개선할 부분을 찾아내는 것은 쉽지 않은 일이었다. 그것 또한 팀장의 성과를 내는 수단일 뿐이었다. 진정한 회사의 발전을 위한 개선 따위는 아니었다. 결국 나는 회사에서 인정받는 것을 포기했다. 사실 회사를 위한 감정의 스위치를 끄고 월급 외의 다른 수익을 찾아보기 시작했다. 그때 비로소 나는 더 가능성 있고 미래지향적인 일을 할 수가 있었다. 감정의 스위치를 꺼야 하는 곳이 어딘지 빨리 파악하는 것이 자신의 감정을 효율적으로 지키는 길이다. 우리가 쓸데없이 감정을 낭비하는 곳이 직장이 되어서는 안 된다. 그것은 낭떠러지로 떨어지는 길이기 때문이다.

# - 3 -

# 행동은 스트레스가
# 사라지게 한다

빌딩중개업을 할 때였다. 빌딩중개업 당시 나는 프리랜서였다. 그렇기 때문에 금전적으로 기본급 100만 원만 받았다. 중개업체마다 다르지만 계약을 하면 수수료를 회사와 나누는 구조였다. 한 달에 한 번 40~50억 정도의 빌딩을 계약해야지 전 직장과 비슷한 수익이었다. 무식하면 용감하다고 했다. 나는 빌딩중개에 꼬마빌딩은 내 머릿속에는 아예 없었다. 꼬마빌딩이라는 단어조차 몰랐다. 나의 목표는 당시에 100억을 버는 것이었다. 그렇기 때문에 테헤란로에 있는 빌딩을 팔고 싶었다.

회사의 불법을 목격 후 성공을 해야만 나에게 피해가 없는 삶을 살 수 있겠다고 생각을 했다. 그 일로 스트레스를 받을 때마다 신혼여행지가 떠올랐다. 하와이의 부자동네를 투어하는 버스가 있었다. 나는 그곳이 지상낙원 같았다. 할리우드 스타와 많은 부자들의 별장을 보면서 나도 이곳에 살고 싶다는 강한 욕망이 들었다. 일반적인 집 앞 공터가 웬만한 관광지보다 좋았다. 나는 잠이 들 때마다 신혼여행지의 이미지가 떠나질 않았다.

부를 이룰 수 있는 방법에 대해서 많은 고민을 했다. 우리나라는 6·25전쟁 이후 많은 발전을 이루게 되었다. 이른바 한강의 기적으로 경제가 많이 발전했다. 우리 부모 세대인 베이비부머 세대는 가난한 나라에서 급격한 성장을 이룰 때 본인들도 같이 급격한 성장을 했다. 그렇기 때문에 그 시절 부동산으로 돈을 번 사람들은 아직까지 부자의 삶을 산다.

나는 우리나라가 급격하게 성장한 80년대에 성인이 아니었다. 지금 현재 21세기 2020년대를 살고 있다. 그렇다면 지금의 급격한 발전이 무엇인지 생각을 해보았다. 두말 할 것도 없이 유튜브였다. 사실 유튜브는 TV시청률을 압도한 지 이미 오래되었다. 하지만 그 역사는 엄청나게 짧다. 내가 기억하는 바로는 2014년 초반쯤 유튜브 광고 수익에 관한 소문이 퍼지면서 급격하게 시청자들이 유입되었다. 지금이 바로 우리 부모세대가 기회를 잡았던 시대라는 생각이 들었다.

유튜브 편집 학원을 굳이 강남으로 정했다. 어쩌면 이것은 나의 의지였다. 우리나라의 부는 강남에 모이기 때문에 굳이 강남에 있는 학원에 등록을 했다.

이제 나는 조금씩 성공자의 기분을 느끼는 사람이 되어가고 있었다. 내가 다닌 학원은 강남역 바로 앞에 있었다. 어느 날 내가 학원 입구로 들어서려고 하는데 경비원 한 분이 나오시더니 경례를 하면서 고급승용차의 문을 열어주었다. 연세가 많아 보이는 어르신이었다. 나중에 알고 보니 학원 건물의 건물주였다. 그는 그 일대에서는 부동산으로 이름 날린 신화적인 인물이었다. 압구정동 개발 당시 부동산에 투자를 해서 강남역에서 당시 이천 억이 넘는 부동산 재벌이 되었다. 나는 종종 그와 같이 엘리베이터를 탈 때가 있었다. 좋은 공간 엘리베이터를 올라가면서 무엇인지 알 수 없는 기분을 느끼게 되었다. 그와 나의 차이가 무엇인지 너무나 궁금해졌다. 나의 젊음의 밑천으로 지금 엘리베이터에 있는 남자와 같은 부를 이룰 수 있는지 나는 도전해보기로 마음을 먹었다.

여러 가지 환경과 상황을 고려해보았을 때 빌딩중개가 적합하다고 판단을 해서 뛰어들었다. 하지만 나의 예상과는 다른 점이 있었다. 나는 천 억대의 빌딩을 팔려고 왔다. 사실 빌딩이라면 다 그 정도 하는 줄 알았다. 하지만 빌딩중개업 시장에서 가장 많이 판매가 되는 것은 달랐다. 꼬마빌딩이었다. 40억에서 80억 정도 되는 금액대가 가장 많이 팔렸다.

내가 실망했을까? 조금은 그렇다. 많은 빌딩중개업을 하는 사람들도 이천 억의 건물을 파는 것은 꿈같은 이야기였다. 하지만 나는 포기를 하지 않았다. 바로 내가 다닌 학원의 건물꼭대기에 있는 그의 사무실에 전화를 걸었다. "빌딩을 팔 생각이 있으신가요?" 하지만 돌아온 대답은 팔지 않는다는 것이었다.

내 생각처럼 호락호락하지 않았다. 하지만 기분은 좋았다. 나는 성공을 위해서 이천 억 건물을 중개해보려는 노력을 했기 때문이다. 내 행동에 A과장은 큰 동기부여를 받았다고 했다. 사실 그 중에서 이천 억이나 하는 물건에 도전한 사람은 없었다. 아무것도 모르는 내가 도전을 했으니 큰 동기부여가 되었던 것이다.

내가 만약 행동을 하지 않고 고민만 했다면 나의 인생은 그 전과 다를 바가 없을 것이라고 생각을 했다. 사실 조금 더 일찍 부동산 분야에 뛰어들었으면 어땠을까 하는 생각을 하기도 했다. 하지만 이미 지나간 일이었다. 나는 안정을 찾았고 그것에 만족을 한다. 그렇기 때문에 그곳에서 받은 스트레스를 내 탓이라고 생각했다. 내가 노예가 되기로 선택한 것이나 마찬가지이기 때문이다. 그렇기 때문에 나는 더욱더 높은 목표를 위해 과감한 행동을 한 것이다.

스트레스를 가장 효과적으로 줄일 수 있는 것은 바로 운동일 것이다. 나도 사실 운동을 통해서 스트레스를 풀곤 했다. 엄청나게 호흡이 가빠져서 숨이 차오르면 고민을 잊을 수 있기 때문이다.

신경과학자이자 저자인 웬디 스즈키는 TED강연에서 '뇌를 변화시키는 운동의 이점'으로 강연을 하였다.

그녀는 신경과학 교수로서 진행한 실험 결과를 말했다. 그녀는 이 실험을 통해 뇌를 즉각적으로 변화시킬 수 있는 가장 혁신적인 것은 운동이라고 말하고 있다. 그녀가 바쁜 나날을 보내면서 연구실 문을 나섰다. 그녀는 문득 이런 생각이 들었다. '나의 인생에 일밖에 없구나.' 그녀는 몸을 잘 움직이지 않았고 살만 쪘다. 그녀는 비참한 상태였다. 일 외의 삶이라고는 없는 자신을 변화하고 싶었다고 한다.

그녀는 헬스장에 등록을 했다. 자신의 소심한 성격에 집중을 했다. 헬스장의 모든 프로그램을 들었다. 킥복싱, 댄스, 요가, 스텝에어로빅 등이었다. 스즈키는 운동을 한 후 굉장히 기분이 좋아지는 것을 느꼈다. 자신이 하던 연구도 더 잘됐다.

효과를 톡톡히 본 스즈키는 이런 결론을 내렸다. 운동은 우리가 뇌를 가장 혁신적으로 바꾸는 활동이라는 것이다. 여기에 세 가지 근거를 제시했다.

첫째, 운동은 뇌에 빠른 영향을 미친다. 단 한 번의 운동으로 신경전달물질 분비가 빨라진다는 것이다. 도파민, 세로토닌 등 여러 가지가 말이다.

둘째, 민첩성과 집중력이 향상되었다. 집중력 향상 효과는 최소 2시간이었다.

셋째, 운동 반응속도로 향상이 되었다.

이런 이유 때문에 스즈키는 운동을 우리의 인생에 포함시켜야 한다고 말하고 있다.

'무엇이든 신중히 생각하라. 하지만 행동해야 할 때가 오면 생각하지 말고 실행하라.' 프랑스의 황제 나폴레옹이 한 명언이다. 엄청난 생각을 하는 사람들은 넘친다. 그렇지만 그것을 행동으로 옮기는 사람들은 1%도 되지 않는다. 그것을 오히려 나는 내가 성공할 수 있는 기회로 생각했다. 그렇기 때문에 우리가 해야 할 것은 행동이다. 그것이 삶을 1%의 삶으로 이끄는 원동력이 될 것이다.

자, 이제 우리는 행동을 시작할 때이다!

# 긍정 확언은
# 불안감을 이겨낸다

『시작의 기술』이라는 책을 펴낸 작가 개리 비숍은 철학자 마르틴 하이데거와 한스 게오르크 가다머, 에드문트 후설의 영향을 받아 자신만의 세계관을 구축한 자기계발 코치이다. 평범했던 그는 아일랜드에서는 신부님을, 태국에서는 불교승려를 코칭하는 것으로 유명세를 떨쳤다.

비숍의 책에서는 시작하는 단언의 문장 7가지를 제시한다.

1. 나는 의지가 있어
2. 나는 이기게 되어 있어
3. 나는 할 수 있어

4. 나는 불확실성을 환영해

5. 생각이 아니라 행동이 나를 규정해

6. 나는 부단한 사람이다

7. 나는 아무것도 기대하지 않고 모든 것을 받아들여


그는 상황을 바꾸기 위해서 견디는 것이라면 좋든 싫든 그것은 우리가 선택한 것이라고 말한다. 사실 위의 일곱 단어를 적용하면서 인생을 살아가는 것이 쉬운 일은 아닐 것이다.


우리들이 살아가면서 이루고자 했던 것을 다 이루지는 못하고 생을 마감할 수도 있다. 우리의 생각이나 의지가 우리들의 말로써 확언으로 입 밖으로 나오게 된다면 그것은 우리가 사는 세상의 프로그램에 명령을 넣은 것이다. 프로그램에 오류가 날 수도 있고 버벅댈 수도 있지만 그럴 경우는 생각보다 흔치않다는 것을 우리는 알고 있다. 이제부터 우리도 하루에 한 번씩 개리가 강조하는 문장을 되뇌어서 불안감을 이겨내보도록 하자.


내가 중개업을 한 후론 하루하루는 항상 긴장의 연속이었다. 자신감 하나로 몸 하나 들이 밀었던 내 자신이 놀랍다. 빌딩중개업을 하다 보면 정말 하루하루가 정글에 사는 것 같았다. 이곳에서 생존의 방식은 직장과는 차원이 달랐다. 일단 프리랜서라는 직업군이기 때문에 자신이 스스로 생각을 하면서 방향성을 결정을 해야 한다.

가장 큰 문제는 나의 매물을 확보하는 것이었다. 매도자가 있어야 매수를 한다. 매수자가 많은 것이 가장 좋은 조건이다. 하지만 좋은 매물이 많아야 매수자가 만족을 한다. 그래서 나는 가장 좋은 물건을 찾으려고 서울 시내를 다 누비고 다니게 되었다. 나는 서울 지리도 모르는 탓에 남들보다 길을 찾는 것이 오래 걸렸다. 그럴 때마다 나는 에밀 쿠에의 자기 암시를 떠올렸다. "나는 모든 면에서 날마다 점점 더 좋아지고 있다." 이 책은 우연히 본 박세니 최면치료 전문가의 유튜브 영상을 보면서 알게 되었다. 박세니 님이 이 책을 볼지는 모르겠지만 나는 자기 암시에 대한 분야를 알려주셔서 감사를 표하고 싶다.

에밀 쿠에는 1857년 프랑스 트로와에서 태어났다. 어렸을 적부터 과학에 대한 열정으로 가득 차 있었다고 한다. 화학자가 되고 싶었지만 가정 형편 때문에 약사가 되었다. 28세 때 최면술을 본격적으로 연구했고 '플라시보 효과'를 확인한다. 그는 세계 곳곳을 누비면서 수많은 사람을 치료하였고 자기 암시를 전파하는 데 평생을 바치게 된다.

그가 치료한 병명은 너무나도 다양하다. 하반신 마비, 전신 마비, 장염과 우울증, 자신감 저하, 폐결핵, 신경성 경련, 신경쇠약과 혐오증, 불안증, 위장장애, 관절염 등이다.

그는 자기 암시는 평생 해야 하는 것이라고 말하고 있다. 특히 강조하는 문장은 앞서 말한 '나는 날마다 모든 면에서 좋아지고 있다.'라는 구절이었다. 나는 출근을 할 때면 새벽 5시에 일어나서 버스를 1시간 반 정도 달려 빌딩중개업을 하는 곳까지 가야 했다. 체력적으로 많이 힘들었다. 그럴 때마다 나는 자기 암시를 하면 피곤이 날아가는 것을 느꼈다.

특히 가장 놀라웠던 점이 있었다. 당시는 추운 겨울이었는데 버스를 기다리면서 추위에 벌벌 떨어야 했다. 결국에는 감기가 걸렸다. 감기에 걸린 채로 매물을 찾으러 걸어가는 것은 힘들었다. 그럴 때마다 자기 암시를 이용했다. 근데 병원에 가지 않고도 평소보다 빠르게 감기가 나았다. 나는 이때 자기 암시의 긍정적인 부분을 직접 몸으로 크게 느꼈다.

빌딩중개 A대표가 나에게 어느 동네를 담당하고 싶냐고 물었다. 나는 주저 하지 않고 청담동이라고 말했다. 청담동은 유명연예인이나 부자들이 특히 많이 사는 동네이다. 그렇기 때문에 나는 청담동을 택했다. 하지만 문제는 빌딩가격이 비싸지고 임차인들이 잘 들어오지 않는다는 것이었다. 다른 호재들이 있긴 했지만 다른 지역에 비해 워낙 비싸서 섣불리 매수를 하지 않았다. 또한 청담동 빌딩주인들을 상대하는 것은 웬만한 강심장이 아니고선 들이대기 쉽지 않은 것도 사실이었다. 그들은 전통적인 우리나라 기득권들이기 때문에 행동과 말도 조심을 해야 했다.

하지만 나는 당시 눈에 뵈는 것이 없었다. 성공을 해서 다시는 내가 당했던 굴욕과 부당함을 당하지 않으리라는 다짐을 하고 또 했다. 그렇기 때문에 청담동 빌딩매물을 조사를 하려고 했다.

나는 당시 230억 빌딩 주인에게 어렵사리 연락을 했다. 입사를 한 진 아직 3주도 되지 않았을 때 일이다. 당시 매도자는 아직 매도를 할지 말지 고민하는 입장이었다. 해도 내년에 한다는 입장이었다. 나는 나의 의지를 보여주고 싶었다. 그래서 한 번 만날 것을 요청하였다. 나는 부동산에 부자도 모른다. 그렇지만 용기를 냈다. 나는 회사를 나와 바로 지하철을 타고 청담동으로 달려갔다.

사실 빌딩 업무에서는 옷이나 헤어, 신발 등 모든 것에 신경을 써야했다. 최고의 가치를 중개하는 입장에서는 당연한 것일 지도 모르겠다. 하지만 나는 그런 것에 무지했다. 옷도 작업복만 입었으니 신경 쓸 일이 없었기 때문에 정장은 입을 일이 없었다. 나는 흔한 서류가방도 없이 백팩을 매고 결혼할 때 맞춘 예복을 입고 매도자를 찾아갔다.

드디어 빌딩에 도착을 했다. 막상 230억짜리 빌딩 앞에 서서 매도자를 만나려고 하니 머리가 새하얗게 되었다. 마음속으로 걱정이 앞섰다. "부동산 지식을 물어보면 어쩌지?", "내가 초짜인 것을 눈치를 채면 어쩌지?" 수 만 가지의 생각이 나의 뇌를 스쳤다. 그때 한 10분 정도의 시간을 갖고 싶었다. 심호흡을 크게 하고 '나는 모든 면에서 날마다 점점 더 좋아지고 있다.' 이 말을 되뇌었다. 심신이 안정되는 느낌을 받았다. 빌딩 맨 위층에 매도인의 큰 사무실이 있었다. 나는 떨리는 손으로 초인종을 눌렀다. 매도자의 인상은 다행히 밝았다. 나는 떨리는 마음으로 들어갔다.

매도자를 보니 역시나 풍기는 아우라가 달라보였다. 나의 편견 때문이었는지는 모르겠지만 확실히 여유가 보였고 품격 있어 보였다. 사무실에 있는 각종 트로피, 상장, 기념사진들이 나를 주눅 들게 만들었다. 나는 사실 덩치가 있는 편이었기 때문에 인상에서는 밀리지 않아야 된다고 생각을 했다. 지식은 없지만 기죽은 모습을 보이면 안 된다는 자기 암시를 계속했다. 매도자는 먼저 대화를 주도했다. 자신의 건물 입장을 서슴없이 먼저 말했다. 사실 내가 인터넷으로 알아본 정보부터 모르는 정보까지 말했다. 일이 잘 풀렸다. 타이밍을 보고 이때다 싶었다. 나는 부동산 지식이 없어 매도인의 말에 공감을 한다는 리액션을 취했다. 나중에 안 사실이지만 우연히도 이것은 부동산 거래의 핵심이었다. 뜻밖에 결과였다. 나에게 신뢰가 간다는 말까지 했다.

결론적으로 매도자는 호재를 기다리며 다음을 기약하자고 했다. 비록 매도자에게 확실한 답을 듣지는 못했고 실패한 것일 수도 있지만, 누구나 할 수 없는 도전을 나는 성공한 것만 같았다. 결국 내가 표정과 마음가짐이 자연스러울 수 있었던 건 자기 암시 덕분이었다.

잠을 자기 전 20번만 외쳐보도록 하자!

"나는 모든 면에서 날마다 점점 더 좋아지고 있다."

# - 5 -

# 대부분의 부정적인 의식 상태를
# 통째로 바꾸어라

〈한책협〉을 운영하고 있는 김도사는 우리나라의 무자본 1인 창업의 시조새라 불린다. 그는 250권의 책을 쓴 최고 기록의 보유자이다. 그는 어린 시절 불우한 환경에서 자랐다.

그는 책 쓰기 코칭을 하면서 1,100명의 작가를 배출했다. 7년이나 되는 무명의 시절 동안 그는 닥치는 대로 책을 사서 자기계발을 했다. 지독한 가난에서 벗어나고 싶다는 욕망이 그를 작은 고시원에서 버티게 해주었다. 250권의 책을 쓰고 1,100명의 작가를 배출시킨 김도사는 베스트셀러 책을 모조리 읽고 깨달은 바가 있었다.

중요한 것은 의식과 관련한 책을 읽어야 된다는 것이다. 성공과 실패는 의식상태의 결과에 따라 결정된다는 것이다. 나는 카페에서 김도사와 만남을 가졌다. 힘든 상황을 이겨내고자 나도 베스트셀러를 많이 읽었다. 그렇지만 김도사는 자신이 추천한 책을 읽으라고 했다. 모두 의식과 관련된 것이었다. 김도사는 현재 큰 부를 이룬 자산가이다. 250권의 책을 집필한 작가가 추천한 책이라면 믿고 봐야 한다고 생각했다. 김도사로 인해 나의 의식에 변화가 생기기 시작했다.

추천한 책의 대부분은 네빌 고다드 저자의 책이었다. 그는 현재 자기계발 강사들에게 많은 영향력을 끼친 형이상학자이다. 상상이 현실을 창조한다는 그의 강의는 60년이 지난 지금까지 많은 이들에게 큰 영향력을 끼치고 있다. 그는 우리가 알고 있는 성경을 다르게 해석하고 있다.

네빌 고다드가 크게 강조하는 부분은 나에게 충격으로 다가왔다. 그것은 바로 나의 의식이 곧 신이라는 마음가짐으로 인생을 살아야 한다는 것이다. '내가 신일 수 있을까?'란 생각을 해보았다.

이것은 다른 종교인들이 볼 때는 신성 모독일 수도 있는 내용이다. 내가 가진 종교는 없다. 어린 시절 어머니를 따라 교회에는 가끔 갔지만 그러다 말았다. 그것이 내 종교 활동의 전부였다. 목사님의 말씀 중 기억나는 대목이 있다.

"하나님은 자신과 똑같은 우리를 창조했다."

네빌 고다드의 말은 나에게 큰 울림이 되었다. 우리가 신이라는 생각으로 살아보자. 미친 척하고 한 번 해보는 것이다. 나는 신이 되었다는 느낌으로 인해 행복해지고 불안감도 없어지는 것을 느꼈다.

우리 하나하나는 각자가 신이다. 그런 마음가짐으로 살아간다면 자신을 소중히 하는 것은 물론이고 하물며 다른 사람들도 존중할 수 있다. 직장생활에서, 또 우리나라에서는 철저한 계급사회로 대부분이 하층민으로 산다. 그렇지만 우리가 신이라는 느낌을 가지고 살면 새로운 세상을 개척할 수 있을 것이라는 자신감이 생긴다. 우리는 모든 것이든 할 수 있다! 신이 되어서 미래를 개척해보자.

나는 문이라 [요한복음 10:9]

나는 길이라 [요한복음 14:6]
나는 부활이요, 생명이라 [요한복음 11:25]

나는 너희에게 내가 바로 그 사람이라고 말하였다. 너희가 나를 찾는다면 이 사람들은 가게 하라 [요한복음 18:8]

유명한 세계적인 자기계발서에 빠지지 않고 나오는 부분이 있다. 그것은 바로 상상력이다. 상상력은 결국 우리의 생각이다. 우리가 지금 이루고 있는 모든 것들은 상상 때문에 만들어지고 발전되었다. 긍정적인 생각이든 부정적인 생각이든 그런 상상을 했기 때문에 지금의 우리들의 모습이 존재하는 것이다.

끌어당김의 법칙을 부정하는 사람들도 많이 있다. 나 또한 부정하는 사람들 중 하나였다. 그 이유는 많은 의구심이 들었기 때문이었다. 그래서 사람들이 많이 가지고 있는 끌어당김의 의문증과 그 해답을 정리해보았다.

첫째, 과학적인 근거를 잘 모른다.

사람들은 끌어당김의 법칙이 그저 사람들이 지어낸 동화 같은 이야기라고 생각한다. 하지만 이것은 분명한 과학적인 근거가 우리가 생각하는 것 이상으로 존재한다.

대표적인 것이 토마스 영의 이중 슬릿 실험이다. 이 실험으로 수년간 논란이 되었던 빛은 입자가 아니고 파동인 것을 알게 되었다. 하지만 신기한 것을 발견했다. 전자를 쏴 입자를 관측하려고 카메라를 달았는데 그 순간은 더 이상 전자가 파동으로 나오지 않고 입자 형태를 띤다는 것이었다. 전자는 빛과 마찬가지로 파동과 입자를 동시에 가졌다. 전자의 움직임을 관찰하기 위해 카메라를 달면 입자의 상태를 띄었다. 이를 통해 알게 된 것이 관측행위가 전자에게 영향을 준다는 것이었다.

우리는 빛으로 태어났다. 빛도 결국엔 원자인 것이다. 우리는 곧 빛이다. 그렇기 때문에 관찰해서 바뀐다는 것은 생각을 바꾸면 결국엔 빛, 즉 우리의 물질세계도 바꿀 수 있다는 결론이 나온다.

둘째, 의지보다 상상이 더 중요하다.

마음과 몸을 회복시키는 자기암시의 저자 에밀 쿠에는 20년간 수많은 환자를 고치면서 이런 결론을 도출했다.

1. 의지와 상상이 상반되면 예외 없이 상상이 승리한다
2. 의지와 상상이 갈등을 빚으면 상상의 힘은 의지의 제곱비로 커진다
3. 의지와 상상이 일치하면 상상의 힘은 둘을 더한 만큼이 아니라, 곱한 만큼 커진다
4. 상상은 통제할 수 있다

나는 앞서 무의식에 대해서 잠깐 말한 적이 있다. 무의식이 우리 뇌의 90%를 차지한다. 10%의 의식은 바로 의지에 대한 부분이다. 하지만 우리가 꿈을 꾸거나 상상을 할 때 비로소 무의식에 대한 90%가 작용을 할 수 있는 것이다. 가장 좋은 것은 의지와 상상을 일치시키는 것이 중요하다. 그것을 쉽게 섞을 수 있는 것이 바로 자기 암시인 것이다. 우리가 의지와 상상을 일치시킬 수 있다는 것을 믿자. 의지가 약해질 때마다 "나는 모든 면에서 날마다 점점 더 좋아지고 있다."를 연료로 사용하여 무의식의 상상력을 불타오르게 하자.

셋째. 느낌과 행동을 일치시키자.

크게 자기계발서는 두 가지로 나눌 수가 있다. 끌어당김의 법칙을 이용한 마음에 대한 부분과 행동에 관한 부분이다. 사실 이 두 가지가 일치했을 때 우리가 사는 세상에 내가 상상한 것이 현실화가 된다. 많은 끌어당김 법칙을 실패하는 사람들은 의지로만 한다. 그때 가장 중요한 것이 바로 느낌이고 이미 이루어졌다는 확신이라고 네빌 고다드는 말하고 있다. 이것은 상상력의 끝판왕인 것이다. 그렇기 때문에 좋은 상태가 된다. 우리 인간은 행동하지 않고 결과를 얻을 수 없는 존재이다.

이제 이루어졌다는 확실한 느낌으로 성공의 행동을 해보는 것이다! 파이팅!

- 6 -

# 어떤 스트레스도
# 날 이길 수 없다고 믿어라

나는 회사가 불법 방류를 했을 때 고민을 했다. 사실 내가 신고를 망설였던 이유는 공익 신고자들이 어떤 대우를 받았는지 알기 때문이었다. 지금은 많이 잠잠해졌지만 많은 사람들이 알고 있는 A그룹의 갑질 사건은 우리를 크게 분노하게 했다.

내가 놀라웠던 점은 오너의 갑질이 아니었다. 사실 더 큰 문제는 피해자를 대하는 같은 직원들의 동료였다. 피해자 A는 스트레스로 인해 뒷머리에 종양이 생겼다. 스트레스 때문이었다. 수술 후 병가를 내고 복귀를 했다. 감시와 따돌림으로 인해서 피해자 A는 자살을 하고 싶었다고 한다.

사실 이런 영상을 본 후 나 또한 피해자 A처럼 될까 봐 두려웠다. 사실 당해본 사람들만 안다. 피해자의 뒷머리에 종양은 충분히 날 수 있다. 어마어마한 스트레스는 사람을 미치게 만든다. 하지만 그것보다 더 심한 상처는 무엇인 줄 아는가? 이런 모습을 보고 무시하는 같은 팀원, 또 정말 을의 입장에서 가축 이하의 생활을 했다는 후회감이다. 나는 엔지니어 생활을 할 때 정말 이 회사에서 정년퇴직을 하고 싶었다. 내가 그런 한심한 인생을 살았다고 깨닫게 해준 것을 고맙게 생각한다.

무단 방류만 했어도 사실 엄청난 큰일이다. 그렇지만 내가 결정적으로 퇴사를 고민한 것은 검사관의 형식적인 검사와 불법을 보고도 오히려 물을 여러 번 섞어 기준치를 통과시킨 것이다. 사실 말이 안 되는 것이다. 검사관은 우리가 준 방류수로 검사를 했다. 나는 정말 이런 시스템 안에서 살지 않겠다는 것을 다짐하고 또 다짐했다.

나는 결국 퇴직을 하겠다는 결심을 했다. 나의 양심상 도저히 회사를 다닐 수 없었다. 정신과를 다녀도 효과는 없었다. 회사 전자 시스템에 사직서를 올렸다. 나의 결심에도 자신들은 상관없어 하는 동료들의 한심함에 분노가 치민 것도 한 몫 했다. 나는 더 나이를 먹기 전에 저런 어른은 되고 싶지 않았다. 신고를 하고 나름대로 살아갈 궁리를 하고 있었다. 사직서는 이미 결재를 한 상태였다. 그룹장의 결정만 남아 있는 상태였다.

이상하게 결재가 나질 않았다.

내가 퇴직을 하겠다고 하자 다른 협력업체 직원이 잠시 나의 자리에서 일을 하기로 했다. 그는 사실 알아주는 환경전문가였다. 은퇴를 해야 했지만 워낙 실력이 좋아서 협력업체에 채용이 된 것이다. 그가 강력하게 시스템 원상복구에 관한 말을 했다. 전문가에게 들어보니 이 회사는 환경전문가가 없었다. 나는 놀라웠다. 나름 우리나라 화장품업계에서 알아주는 회사였다. 생산과 이득에만 신경을 쓰는 우리나라 시스템의 문제를 다시 한번 알게 되었다.

이대로 퇴직을 하는 것은 억울하다고 생각했다. 무엇이 정확하게 문제였는지 제대로 배워보고 싶은 생각이 들었다. 이미 A는 나를 대신하여 들어오는 것으로 계약이 된 상태였다. 나는 미래에 대한 불안감도 있었다. 그래서 퇴직을 번복했다. 사실 퇴직을 번복한 것은 있을 수 없는 일이었다. 하지만 주위 소문에 의하면 내가 신고를 할 거라는 사실을 다들 눈치채고 있었다. 그렇기 때문에 퇴사가 쉽게 번복될 수 있었다.

사실 이 점 때문에 난 주위에서 같이 일을 했던 사람들도 회사와 한패라는 생각이 들었다. 자신들은 피해를 보지 않고 단지 누군가 나서주기를 바란다. 이런 점이 서로 불신하는 사회를 만든 것이다.

어쨌든 복구는 되었다. 하지만 결론적으로 나는 회사에 찍힌 상태였다. 신고 타이밍을 놓쳤다. 사실 두려움도 있었다. 가장 큰 것은 이 사회가 나의 신고를 받아주지 않으리라는 확신이 컸기 때문이었다. 그렇게 시간이 지났다. 하지만 결국 나는 안 될 싸움을 하기로 했다. 이대로는 나의 양심이 허락하지도 않았다. 또한 노예로 살지 않기로 한 다짐이기도 했다. 결국 시간이 흘러 신고를 하기로 한 것이다.

사실 신고를 했을 때 나에게 이득인 것이 없는 것은 나도 알고 있었다. 전에 있던 오염된 사진과 수기작성 자료를 많은 언론에 알렸다. 하지만 유일하게 연락 온 방송국은 JTBC뿐이었다. 지금도 나에게 많은 힘이 되어주신 기자님에게 감사드린다. 전문가와 A기자는 내가 준 자료로 검토를 했다. 하지만 결론적으로 기준치 농도 이상의 수위일 때 검사가 이뤄져야 한다는 것이었다. 나는 억울했다. 사실 몇 만 톤의 위험수위의 농도 배출을 오랫동안 하더라도 도청에서 검사가 왔을 때 정상이면 그것은 정상인 것이다. 우리나라 환경관리에 큰 실망감을 받았다. 그렇게 언론에 신고한 것도 무마가 되었다.

사실 이것은 당연한 결과일 수도 있다. 내가 엔지니어로 다녔던 회사는 마케팅에 많은 돈을 쓴 기업이다. 방송과 신문사 등 굉장히 많은 광고비를 지출한다. 그렇기 때문에 계란으로 바위 치기일 수도 있었다.

하지만 이렇게 멈출 수는 없었다. 나는 시간이 지나서 다시 다른 루트로 신고를 하려고 했다. 경기도에서 진행하는 공익제보 핫라인 공정경기 2580에 신고내용을 올렸다.

이 민원은 조사가 진행이 되었다. 그렇지만 과거의 오염수 방류에 대해서는 처벌을 할 수 없다는 답변이 왔다. 나도 힘이 빠졌다. 내가 불가능의 싸움을 한 것인지 후회되었다. 가장 많이 후회가 된 것은 오염이 되었을 때 망설였던 내 자신이었다. 하지만 지나간 일이었다. 얻은 것은 단한 가지 있었다. 내가 남은 인생에서 다시는 이런 억울한 일을 당하지 않기 위해서는 반드시 성공해야 한다는 다짐을 한 것이다. 지금은 내 마음속에 성공의 불꽃을 피우게 한 전 직장에 감사한다.

시간이 지나 우연히 방송을 보게 되었다. 어느 재벌가의 약혼 소식이었다. 바로 내가 다니던 회사 오너 딸의 결혼식이었다. 그녀의 배우자는 나의 신고를 받아준 유일한 방송국과 관련 있는 집안의 사람이었다. 사실 퇴직 후 살아가기 바빠 전에 있던 나의 사건사고들은 잠시 잊히고 있던 시점이었다. 하지만 우연히 약혼식 기사를 보면서 엄청나게 초라한 내 자신을 보게 된다. 그날은 내가 무슨 일도 할 수 없는 심한 우울감이 왔다. 정신과까지 다닌 나의 스트레스는 무엇이고 신고가 무마 되었을 때 나의 허탈감은 무엇인지 다시 생각하게 되었다.

내가 신고를 다시 결심한 계기는 꿈에서 어린 시절이 떠올랐기 때문이다. 내가 다섯 살 때의 일이다. 돌아가신 할머니께서 나를 쓰다듬어주시면서 이런 말을 했다. 할머님은 독실한 천주교 신자셨다. 그래서 내가 신부님이 되기를 바라셨다. 하지만 나에게 종교는 없었다. "정직한 사람이 되고 남들을 도와주면서 살아가길 바란다." 이 말을 끝으로 나는 잠에서 깨어났다. 잠을 깨면서 나는 눈물이 났다. 그동안 나의 삶에 대해서 돌아보게 되었다. 성공한 인생도, 착하게 살지도, 남을 도우면서 살지도 않았다. 하지만 분명한 것은 이 문제를 무시한 채 살아간다면 죽기 전에 창피하지 않을까란 생각이 강렬하게 들었다. 무슨 이유였는지는 모르겠다.

내가 엔지니어 생활 중에 목도한 불법방류를 적는 이유 또한 내 자신이 떳떳하게 살아가기 위해서이다. 사실 이 신고를 하는 시점부터 나의 인생이 나락으로 떨어질 수도 있다는 두려움도 있었다. 그렇지만 사람은 쉽게 쓰러지지 않는다는 것을 나는 직접 느꼈다. 좋은 직장을 나오다 보니 자신만의 사업을 하지 않으면 결국 아르바이트라는 것도 실감했다. 그 속에서 느낀 좌절, 분노, 스트레스는 나 스스로 깨달음을 얻기 위한 양분이었다는 위안으로 살아가고 있다. 지금 직장 스트레스 때문에 죽을 것 같은가? 이것은 내가 성공하기 위한 숙제라고 생각하자. 내가 직장을 나갈 수 있는 준비를 하게 하는 하늘의 계시라고 생각을 해보자. 그렇게 되면 어떤 스트레스도 이겨낼 수 있을 것이다.

# - ㄱ -

# 과거에서 벗어나야
# 행복할 수 있다

과거에서 벗어나는 사람과 그렇지 않은 사람들은 무슨 차이가 있을까? 많은 이유가 있지만 가장 중요한 것은 환경이다. 그렇다면 환경을 도저히 바꿀 수 없다면 어떻게 할까? 그것은 바로 독서이다. 환경이 중요하다는 사실에는 많은 이들이 공감을 할 것이다. 앞서 환경에 대한 부분은 격투기 선수에 빗대어 말했다. 그 이유는 내가 빌딩중개업을 하면서 깨달았다. 부자 동네를 갈수록, 부를 쌓은 사람들일수록, 만나서 이야기를 할 때 교양과 품위가 있다. 나는 부자로서의 삶을 살지 않았다. 그렇기 때문에 내 주위에 있는 사람들의 부자에 대한 이미지만 생각을 했다. 내 주위 부자에 대한 편견은 이렇다. '정직하게 돈을 벌지 않았다, 노력하지 않았다, 불법을 많이 저지른다, 사회에 나쁜 영향력을 미친다.' 등등이다. 사실 나도 부자를 만나본 적도 없으면서 부자에 대한 안 좋은 인식이 무의식에 쌓여 있었다.

많은 노력 끝에 좋은 매물이 나의 손에 들어왔다. 300억가량 역세권에 있는 매물이었다. 정말 누구나 탐할만한 신식 건물이었다. 나에게 평소 많은 도움을 주던 A팀장이 있었다. A팀장은 연초에 이미 빌딩을 6개나 계약을 했다. 빌딩 부동산에 늦게 뛰어들었지만 엄청난 열정으로 성공가도를 달리고 있었다. A는 내 300억 매물을 관심 있어 하는 매수자가 나타났다고 했다. 나는 흥분이 되었다. 300억의 매물을 팔 수 있으면 내가 이 분야에서 성공할 수 있는 가능성이 확실히 보이는 것이다. 매수자는 기업 오너였다. 나는 당시 부동산업에 뛰어든 지 두 달밖에 안 되었다. 그래서 A팀장은 나에게 내가 가지고 있는 빌딩의 역사를 알려주었다. 사실 나의 매도인은 300억을 예상을 하고 건물을 지었던 것이다.

주변 호재에 대해서도 많이 알려주었고 그것을 어떤 식으로 홍보하는지도 알려주었다. 그 중에서 놀라운 것이 있었다. 나의 매도자는 사실 따지고 보면 건물을 새로 지을 때 엄청난 돈을 베팅한 것이다. 최소 몇 십억을 투자해야 300억의 건물을 올릴 수가 있다. 나는 과연 그렇게 할 수 있을까란 생각을 해보았다.

나는 매도자의 스토리에 머리를 한 대 크게 얻어맞은 듯한 느낌을 받았다. 그동안 내가 살아온 방식은 가난할 수밖에 없는 마인드였다는 것을 느끼게 되었다. 매도자에게 얻은 충격보다 더 큰 충격은 매수자에게 나타났다.

매수자는 이미 300억대의 빌딩을 소유하고 있었지만 300억대의 빌딩을 팔고 빌딩 두 채를 구입해서 600억의 투자 수익을 올리고 싶어 했다. 나는 더 큰 충격이었다. 나의 마인드로는 200억 빌딩이 있으면 월세수익으로 평생 나오는 돈으로 먹고살 것이라는 생각을 했다. 나도 성공에 절실한 사람들이라고 했다. 하지만 난 그들의 성공에 대한 열망에 비하면 발톱의 때도 안 되는 것을 느꼈다.

부자들은 지는 것을 극도로 싫어한다. 매수 매도자들과의 전화 통화나 상담을 들어보면 알 수 있는 것이 있다. 그것은 승부욕이 강하다는 것이다. 성공한 사람들의 특징일 수도 있다. 그런 승부욕 때문에 성공한 것인지도 모르겠다. 100억이 있는 사람은 자신의 친구가 110억이 있으면 견디질 못한다. 그런 승부욕이 그들을 부자로 만드는 원동력이 된다.

빌딩을 산다는 것은 자신의 모든 재산을 건다는 것을 말한다. 내가 근무할 당시 강남의 꼬마빌딩은 최소 70억이었다. 그런 매물에 베팅을 하려면 엄청난 확신이 있어야 한다. 임차인들 교통, 주변 호재 등 분명 장점도 있지만 단점도 있다. 좋은 점을 모두 충족한 매물은 이미 팔렸거나 팔지도 않는다. 그런 리스크를 뚫고 도전하는 사람만이 조물주 위에 있는 건물주라는 타이틀을 얻을 수 있다.

내가 30세가 넘어가는 시점부터 미래에 대해서 고민을 하기 시작했다. 하지만 내 주위에는 성공하지 못한 사람들만 있었다. 살아오면서 성공한 사람과 스친 적이라도 있는지 의문이 들었다. 성공한 사람들의 생각을 읽고 싶었다.

어떻게 주위의 반대를 뿌리치고 앞으로 나아가는 지도 궁금했다. 또 비싼 외제차는 어떻게 살 수 있는지도 궁금했다. 나에게 가르침을 줄 수 있는 스승은 아무리 찾아봐도 없었다. 남 밑에서 그저 주는 밥만 기다리는 머슴들로 가득 찼다. 그렇게 고민만 깊어가고 시간이 흘렀다.

우연한 기회로 성공한 자산가의 동영상을 보게 되었다. 자신이 성공하고 일어날 수 있었던 비결은 독서라고 했다. 나는 독서를 하지 않았다. 많이 본 것은 만화책이었다. 사실 만화책은 정말 많이 봤다. 그래서 어린 시절 잠깐 만화가를 꿈꾸기도 했다. 어쨌든 나도 이 스트레스에서 벗어날 가르침을 받고 싶었다.

나는 독서에 안 좋은 기억이 있었다. 바로 『시크릿』이란 베스트셀러 때문이었다. 끌어당김의 법칙을 실패하고 나서 독서를 하고 싶은 마음은 사라졌다. 결국 그 방법을 몰랐던 것이다. 많은 독서를 통해서 성공자의 삶을 느끼게 되었을 때 그동안 독서를 하지 않은 내 인생이 시간 낭비로 느껴졌다. 엄청난 유명인사도 책으로는 나와 친구가 될 수 있다. 스승도 될 수 있다. 그런 좋은 기회를 의미 없이 살면서 다 놓쳐버린 것이다.

나의 과거는 불행했다. 그런 불행이 나에게 왜 다가오는지 정말 사는 것이 싫을 정도였다. 운이 나쁘다는 생각도 많이 했다. 나는 어린 시절부터 다치는 일이 많았다. 안 부러진 곳이 없을 정도이다. 팔, 다리, 머리, 어깨 안 다친 곳이 없고 골절도 많았고 인대도 끊어진 적도 있었다. 태국에서 친구들과 놀다가 보트와 다리가 부딪혀 정말 말도 안 되는 여름휴가를 보냈다. 태국병원에서는 이상이 없는 것으로 나왔지만 시간이 흐른 뒤 CT촬영을 했을 때 비로소 인대가 끊어진 것을 알았다. 사실 당시 내가 머리를 부딪쳤다면 이 세상에 없을 수도 있다. 천만다행이었다. 정확히 2년 뒤 나는 직장의 스트레스 때문에 조깅을 하려다 또다시 발목인대를 다쳤다. 어처구니가 없었다. 이런 상황이 왜 나에게 계속 오는 것인지 하늘이 미웠다.

나는 이런 문제가 나의 끌어당김의 법칙이라고 생각하기는 싫다. 그러면 내가 너무 미워질 것 같았다. 하지만 어쩌겠는가. 이미 일어난 일이고 지나간 일이다. 이런 어려움을 내가 지금 성장하는 양분으로 삼을 수 있는 것은 많은 독서 덕분이었다. 사실 내가 기업을 상대로 신고를 하겠다는 용기를 준 것 또한 독서였다. 내가 독서를 통해서 용기를 가진 이유는 다음과 같다.

첫째, 성공한 사람들은 직장을 쓰레기라고 여긴다.

내가 책을 읽고 가장 충격을 얻은 부분이다. 직장은 절대 성공을 보장할 수 없는 곳이라고 많은 성공한 사람들의 책에 나오고 있다. 저자마다 다르지만 가장 공통된 이유로 자신의 상상력을 펼치는 데에 한계가 있다는 사실을 꼽았다. 성공에서 중요하게 여기는 부분이 상상력이다. 이것은 과학적인 근거가 아니더라도 성공자들의 실례를 통해서도 충분히 알수 있다. 이런 이유 때문에 우리는 취업과 동시에 퇴직을 고민해야 한다.

둘째, 학교 또한 성공을 방해하는 요소이다.

전문대 출신인 내가 이런 글을 쓰는 것이 맞지 않을 수도 있다. 아직은 내가 성공하지 않은 사람이기 때문에 공감을 얻기도 힘들다. 하지만 내가 경험한 것을 말할 수는 있다. 전문대 출신이지만 나름 이름 있는 기업에 입사를 했다. SKY 출신과 업무를 할 경험 또한 많았다. 그들을 보면서 느낀 점이 있다. 그들도 잘나봤자 월급쟁이라는 사실이다.

아이돌을 뽑는 오디션 프로그램을 보면 정말 혹독할 정도로 연습생들을 몰아붙인다. 많은 지원자 중 정식 데뷔를 하는 인원은 한정적이다. 결국 승자와 패자가 극명하게 나뉜다. 좋은 대학 나와 임원을 꿈꾸는 사람들을 많이 보았다. 중년이 되어서도 그들은 항상 바늘구멍을 통과하고 싶은 연습생 같아 보였다.

나와 같은 고민을 한 이들에게 독서는 필요한 것이다. 우리가 당연하게 생각했던 성공의 방식을 그들은 크게 부정한다. 생각의 전환이 빨라야 하는 시대이다. 학벌이나 직장도 성공의 필수요소가 아닌 것을 점점 공감하는 세대이다. 그럴수록 우리는 과거에서 벗어나서 새로운 나로 거듭날 수 있도록 노력해야 행복을 찾을 수 있을 것이다.

# 5장

# 나는 당신이 스트레스
# 없이 살았으면 좋겠습니다

# 나는 당신이 스트레스 없이
# 살았으면 좋겠습니다

NBA의 농구 황제 마이클 조던은 1997년 NBA파이널에 진출해서 강호 유타 재즈와 우승을 다투었다. 그동안 전설을 써내려간 시카고 불스였다. 그들은 이제 은퇴를 생각해야 할 나이였다. 그래서 우승할 수 있는 마지막 기회라고 많은 사람들이 예상했다. 결승 5차전에서 마이클 조던의 컨디션은 최악이었다. 그 이유는 최근에 밝혀졌다. 저녁 때 시킨 피자에 고의적으로 누군가 몸에 안 좋은 것을 넣은 것이다. 때문에 마이클 조던은 식중독으로 고열에 시달렸다. 당시 독감이라고 언론에는 대서특필되었다. 상대팀 감독은 안심했다. 하지만 마이클 조던은 초인적인 힘으로 경기를 치렀다. 정신이 육체를 지배한 것이다. 마침내 마이클 조던은 여섯 번째 우승을 할 수 있었다.

우리들의 직장생활이 NBA파이널보다 중요하지 않을 수도 있다. 하지만 개개인의 삶을 보자면 스포츠 경기와 다를 바가 없다. 마이클 조던과 같은 초인적인 힘을 낼 수 있는 사람은 많지는 않을 것이다. 그렇지만 마이클 조던이 보여준 정신의 힘을 잊지 않았으면 한다. 정신이 육체를 지배할 수 있다는 사실이다. 그런 잠재력은 누구나 다 있다는 사실이다. 사실 개인적으로도 채소를 잘못 먹어서 식중독에 걸린 적이 있다. 엄청난 고열이 수반되었다. 같은 식중독에 걸린 사람으로서 정말 마이클 조던은 신이라고밖에 생각할 수 없다. 어떤 고통을 받았는지 누구보다 잘 알기 때문이다.

우리나라의 10대에서 30대의 사망원인 1위는 바로 자살이다. 정말 끔찍하다. 사실 자살 소식의 뉴스는 이제 너무 많이 나와서 무감각해질 정도이다. 우리나라의 자살의 특징은 지위고하를 막론하고 정치인, 재벌, 일반 직장인, 학생을 가리지 않는다는 것이다. 하나의 문화로 자리잡았다고 해도 과언이 아니다.

나도 직장의 스트레스로 인해서 정신과 갔다. 약간의 우울증 증세가 있다고 진단을 받았다. 스트레스를 많이 받아도 정신과에 가야 된다는 생각 자체를 하질 못했다. 그 이유는 참는 것이 미덕이라고 생각하는 특유의 우리나라 문화가 나의 무의식에 자리 잡고 있었기 때문이다. 정신과에 대한 편견이 아직도 많다. 그렇기 때문에 머리가 터질 것 같은 스트레스에도 병원에 가기까지 꽤나 오래 걸렸던 것이다.

사실 스트레스를 받아오면서 내가 크게 느낀 점이 있다. 스트레스를 많이 받다 보면 무기력해진다. 그것은 다가오는 스트레스가 당연하다고 느껴지기 때문에 나 스스로 방어할 노력조차 하지 않는다는 것에 있다. 감기에 걸려 아프면 병원에 가면 되는데 방에 누워서 신음하며 앓고 있는 것과 같은 맥락이다.

우울증을 해결할 방법을 찾고 싶어서 닥치는 대로 인터넷에서 정보를 찾았다. 우연히 다크 초콜릿이 효과가 있다는 정보를 보았다. 바로 편의점에 들러서 먹어보았다. 개인적인 견해이지만 효과가 컸다. 사실 초콜릿이 뇌에 작용되는 화학반응 때문도 있다. 그렇지만 내가 가장 크게 효과를 본 것은 내가 나의 스트레스를 이기려고 노력했다는 사실이었다. 그런 조그마한 행동이 내 자존감을 크게 향상시켰다.

정보가 넘쳐나는 시대이다. 병원을 찾지 않더라도 인터넷 검색만으로도 많은 방법을 알 수 있다. 스트레스와 우울증에 대한 검색을 해봐도 해결방법은 얼마든지 나온다. 내가 의학 전문가는 아니기 때문에 이론적으로 확실한 해결책은 모른다. 하지만 나의 경험상 스트레스에 무기력하게 당하고 있는 사람들이 많다는 것은 경험으로 알게 되었다. 행동패턴, 말버릇, 자기암시, 음식, 영양제, 독서 등 이제부터는 자신만의 연구를 해보자. 자신에게 도움이 되는 것이 병원이 될 수도 있고, 내가 말한 정보에서 나올 수도 있다.

우리의 잠재력은 상상을 초월한다. 개인적으로 나는 스스로 이겨냈기 때문에 당당하게 말할 수 있다. 당신이 스트레스를 받고 있다면 스트레스를 이기는 방법 또한 엄청나게 많다는 사실을 믿고 희망을 가지길 바란다.

사실 우리나라에서 살아가면서 스트레스를 받지 않는다는 것은 어려운 일이다. 민주주의 사회이지만 돈이 많은 사람이 귀족인 계급사회이다. 나는 우연히 지인에게 이런 말을 들었다. 요즘 아이들에게서 유행하는 말이 있다. 바로 '휴거'이다. 휴먼시아 거지란 말이 유행을 하고 있다는 것이다. 충격적이었다. 이것은 우리 어른들의 교육 방식의 문제도 있다. 하지만 뿌리 깊은 돈에 관한 계급마인드가 자리 잡은 문화의 탓이 더 크다고 생각한다. 문화라는 것은 떨쳐버리기 쉽지 않다. 쌀밥을 먹는 우리가 모두 빵이 주식이 될 수 없는 것처럼 말이다. 그렇기 때문에 우리는 우리 스스로의 가치를 높여서 계급을 올릴 수밖에 없는 현실이다. 가치를 올리려면 다른 사람들이 노력하는 방법으로는 안 된다는 사실을 깨달았다. 나는 이 사실을 조금 더 일찍 알았으면 좋았다는 생각을 한다. 많이 후회가 되었다. 무엇인가를 이유도 모른 채 배우는 것이 습관이 되었다. 하고 싶지 않은 자격증 공부를 해야 했다. 정작 취득을 했다 한들 필요한 것은 없었다. 자격증이란 것과 학교 교육을 보았을 때 정작 개인에게 필요한 것이 없다. 이것은 꽤나 충격적인 일이다. 자신을 위해서 따는 자격증이라는 게 무엇이 있는지 곰곰이 생각을 해볼 필요가 있을 것이다.

우리나라는 하나의 큰 제조업 공장과 다름이 없다. 자원이 없는 나라에서 그만큼 인력이 중요하다. 하지만 사람을 사람으로 보지 않는 문화가 아직까지도 많다. 산업재해사고 건수 또한 세계 최고 수준이다. 나와 같은 수질 관리 일을 하던 청년은 다른 공장에서 청소를 하다 물에 빠져 안타깝게 목숨을 잃게 되었다. 소문으로 그의 보상금을 들었다. 3억이 조금 넘는 금액이었다고 한다. 고작 3억으로 안타까운 목숨을 보상받을 수 있는 것인지 너무나 안타까웠다.

20대 중반 시절 직장에 출퇴근을 하면서 무심코 건물을 해체하는 작업장을 지나쳤다. 어느 날 사람들이 수군대기 시작했다. 모두 휴대폰을 켜면서 삼삼오오 모였다. 나도 호기심에 무슨 일인지 물어봤다. 내가 출퇴근을 하면서 무심코 지나쳤던 장소에서 사망사고가 났다고 했다. 건물해체를 하는 동안 사람이 깔린 것이다. 나중에 듣기론 피해자는 3대 독자였다고 한다. 우리는 늘 이런 사고에도 노출되어 있는 사람들이다.

그렇기 때문에 나는 직장이란 틀을 벗어나기 위해서 돈을 아끼지 않았다. 그렇기 때문에 직장을 신뢰하지도 않았다. 내가 엔지니어라는 특성 때문일 수도 있다. 하지만 사무직 또한 이런 문제에서 자유로울 수는 없다. 사무직을 해봐서 안다. 몸 쓰다 죽으나 스트레스 때문에 암 걸려 죽으나 매한가지라는 생각을 끊임없이 했기 때문이다.

만약 우리가 20~30대에 억대 연봉을 받는다면 우리의 문제는 대부분 해결될 것이다. 하지만 그런 사람들은 소수이다. 또 억대 연봉을 받더라도 서울에 좋은 아파트를 사는 것 또한 쉽지 않은 시대가 왔다. 직장의 월급으로는 부자의 삶을 살지 못한다는 것은 이제 모두가 아는 시대가 되었다. 하지만 알면서도 정작 이 문제를 해결하기 위한 노력은 내 주위에서 본적이 없다. 노력을 했다면 주식과 청약에 기대서 로또를 바라는 사람들이 대부분이다. 로또가 당첨이 된다면 다행이다. 그렇지만 그런 로또의 당첨이 너나 할 것 없이 되는 곳이라면 빠른 부자로 가는 길이 될 수 없다.

빌딩중개를 하면서 빌딩을 사고자 하는 부류는 의사, 변호사 할 것 없이 공통점이 있다. 그것은 모두 자신의 사업을 한다는 것이었다. 우리가 아는 고소득 직업군들조차 직장인은 빌딩을 사러 온 적이 없다. 내가 예전 기록을 조회해봐도 없다. 이것이야 말로 우리가 알아야 할 진정한 우주의 법칙이다. 우주의 법칙은 마음의 끌어당김의 법칙만 있는 것만이 아니다. 절대 불가능한 법칙도 존재한다. 그것은 우리가 무조건적인 행운을 바라면서 남들과 같은 길을 간다면 행복할 수 없다는 것이다.

짧은 시간에 유튜브 편집과 포토샵을 배웠다. 그 기술로 부자들을 끌어 모았을 때는 내가 취업을 위해서 노력했던 자격증보다 백배 천배의 가치가 있는 것이었다. 당신도 지금 이 순간 다른 삶을 살기 위한 준비를 해보자. 그로 인해서 삶의 가치를 증명하기 위한 노력으로 살아간다면 한결 마음이 편해질 것이다. 나는 당신이 스트레스 없이 살기를 진심으로 바라기 때문이다.

# - 2 -

# 모든 문제는
# 시간이 지나면 지나간다

    누구나 힘든 시간은 있다. 인생의 고비 때문에 좌절하기도 한다. 건강의 문제일 수도 있다. 구조조정의 문제일 수도 있다. 우리가 생각하는 것을 모두 이룬다면 정말 행복한 인생일 것이다. 그런 삶은 극히 소수의 사람만이 살아가고 있다. 우리는 그 소수의 사람들을 보면서 희망을 가지기도 하고 불행을 가지기도 한다. 지금은 세상이 너무나 빠르게 변화하는 세상이다. 그렇기 때문에 지금 하고 있는 나의 일이 없어지기도 한다. 또 내가 새롭게 해야 하는 일도 또한 온다. 그런 변화 속에 적응을 해야만 하는 시대에 도래했다. 정체되어 있는 삶은 의미 없는 삶이다. 발전하는 삶이야말로 행복한 삶이다. 이제 개인이 발전해야 하는 것은 필수가 되어버린 시대이다.

나는 오른쪽 인대를 다치고 2년 후 왼쪽 발목 인대도 다쳤다. 정말 우연한 계기로 병원 신세를 져야 했던 시간으로 절대 돌아가고 싶지 않다. 두 발목은 수술법이 달랐다. 오른쪽 발목은 발목 절개를 해서 수술을 한다. 그렇기 때문에 발목이 정상으로 돌아오는 데 4주 정도 걸렸다. 절개를 한 곳이 아물어야 하기 때문이다. 왼쪽 발목은 비절개술로 2주 만에 걸을 수 있는 수술이었다. 하지만 후유증이 오래갔다. 이 통증은 꽤나 오래갔다. 오히려 빨리 걸을 수 있는 것이 개인적으로는 더욱 힘들었다.

엔지니어 업무의 특성상 다치면 필요가 없어지는 톱니바퀴일 뿐이었다. 이유는 상관이 없다. 그냥 필요가 없는 존재가 되는 것이다. 다친 사람의 안위와 걱정은 뒷전이다. 단지 설비나 생산에 영향을 주는지 아닌지가 오히려 핵심이다. 이것으로 서운해할 필요는 없다. 나도 사회생활을 하면서 세상의 잔인함을 습득을 한 터였다. 승자와 패자가 나뉘는 사회이고 상사의 성과를 위해서 쓸모없는 자격증을 습득을 해야 한다. 엄청난 피라미드 구조의 밑에 있어 윗사람들의 받침대 역할을 충실히 해야 한다. 그래야 가늘고 길게 갈 수 있는 것이다.

내가 복귀 후 느낀 것이 있다. 내가 없더라도 회사의 구조는 변화하지 않는다. 어떻게는 사람을 채워서 차질이 없게 만든다. 당신이 없더라도 회사에 필요한 사람들이 넘쳐난다고 생각을 한다. 잠시 그런 준비과정에서 불편해 담당자가 짜증을 낼 뿐이다. 그렇기 때문에 내가 일을 열심히 해도, 하지 않아도 성과는 나기 마련이다. 나와 여러분의 회사가 아닌 것은 사실이다. 오너 한 명의 결정이 막대한 결정을 하는 사회 구조이다. 그렇기 때문에 좋은 아이디어나 의견들이 무시되는 경우도 많다. 단점만 있는 것은 아니다 오너 중심이기 때문에 추진력이 있다. 그러나 나와 여러분의 추진력이 아니다.

회사에 잘 보이는 것을 포기하는 순간부터 스트레스에서 벗어날 수 있었다. 사실 잘 보이는 것을 포기해도 업무의 내용은 똑같았기 때문이다. 이유는 간단하다. 우리나라의 회사 시스템은 정작 해야 하는 업무보다 자료 준비와 윗선에 잘 보이기 위한 사내 정치 등이 중요하게 작용하기 때문이다. 상사가 퇴근을 하지 않으면 아직까지도 퇴근을 하지 못하는 문화는 지금 이 순간에도 있다. 회사의 성과는 알아서 나오게 되어 있다.

발목의 후유증이 오래갔기 때문에 병원에 외래 진료도 꼬박꼬박 받아야 했다. 그 과정에서 수술비도 많이 냈다. 월급도 줄어들게 되었다. 사실 허망했다. 새벽에 나와서 자료를 준비한 고생이 발목을 다쳤다는 이유만으로 이렇게 눈치를 봐야 하고 생활에 지장을 준다는 것에 치가 떨렸다. 결국 나는 이 일을 나 스스로를 먼저 챙기는 계기로 삼았다. 결국 회사가 알아서 돌아가는 것처럼 나 또한 정상으로 몸이 돌아왔다. 버티면 시간이 해결해주는 문제들이 분명히 있다. 시간이 해결해야 될 문제에 반응하지 말자. 생기지 않을 고민과 걱정도 생기기 때문이다.

세계적인 영적 스승 세도나 메서드의 창시자 레스터 레븐슨은 42세의 나이에 시한부 선고를 받는다. 그는 성공한 사업가이자 물리학자였다. 그는 심장수술을 두 번이나 했다. 그는 집으로 돌아가서 자신의 내면으로 들어갔다. 자신의 존재 이유와 내면으로 들어갔다. 또 궁극의 행복을 찾고 싶어 했다. 그런 수련을 거듭한 결과 답을 찾아냈다. 그것은 '릴리징 테크닉'이었다. 바로 '흘려보내기'였다. 그의 제자 헤일 도킨스는 레븐슨의 가르침을 이어 받아서 세도나 트레이닝 협회를 설립했다. 그에서 레븐슨의 깨달음의 명상방법을 가르쳤다.

레스터 레븐슨과 헤일 도스킨의 『세도나 마음혁명』에서는 우리가 문제를 해결할 수 있는 좋은 대안을 내놓는다. '우리가 문제를 가졌어.'라고 말하는 순간 문제가 발생한다. 그렇다면 발생된 문제를 해결하지 못하게 된다. 계속 문제를 만들고 있기 때문이다. 그렇다고 '아무 문제 없어.'라고 말을 한다 해도 없어지지 않는다. 그 이유는 정신적으로 문제를 잡고 있기 때문이다. 문제를 마음에서 지워야 한다. 모든 것이 완전하다는 상태여야 비로소 문제를 해결할 수 있다.

이것은 네빌 고다드가 말하는 이미 이루어진 상태와 일맥상통한 부분이 있다. 문제가 해결이 되었다는 느낌이 곧 우리가 우주로 보내는 기도인 것이다. 레스터 레븐슨은 진자아 상태, 즉 이런 상태가 지속이 되면 인생이 문제가 없이 흘러간다는 것을 강조하고 있다. 노력이 없다는 상태는 앞서 내가 말한 바딤 젤란드의 『리얼리티 트랜서핑』에서 설명한 것과도 일치한다. 문제를 해결하려는 그 노력이 바로 우리에게 잉여포텐셜이라는 힘을 발휘하게 해준다. 그렇기 때문에 우리의 문제는 끊임없이 생기는 것이다. 문제를 해결하려는 마음보다 문제를 흘려보내는 마음가짐이 중요하다. 이것은 많은 영적 스승자가 끊임없이 우리에게 강조한 가르침이다.

우리는 많은 문제 해결을 위해서 기도와 다짐을 한다. 레븐슨은 기도는 바로 당신이라고 말하고 있다. 그것에서 우리가 구해야 할 것은 문제의 해결방법이 아니다. 그것은 우리가 기도나 요구를 하지 않는 지혜라는 것을 강조했다. 결국 우리 나 자신을 신으로, 문제가 없는 존재로 바라보는 것이 핵심인 것이다.

우리가 가진 문제를 바라보면 결국엔 해결이 되기 마련인 경우가 많다. 사실 아주 사소한 문제일 수도 있다. 해결이 안 되는 문제이다. 또한 시간이 지나야만 해결이 되는 우주의 법칙일 수도 있다. 상처를 예로 들어보자. 칼에 살점을 베였다. 이것을 바로 아물게 할 수 있는 기술이 과연 21세기 과학이 발전한 시기에도 있는 것인가? 존재하지 않는다. 결국 우리세포의 면역체계가 움직이고 세포가 증식이 되어야 아무는 것이다. 우리가 가진 문제도 마찬가지이다.

많은 문제들을 우리 자신의 탓으로 바라보는 경향이 있다. 취업, 결혼, 출산의 문제들 말이다. 하지만 많은 경제 상황을 보았을 때 그것은 우리의 잘못이 아니고 사회적 시스템 탓에 생겨난 문제들일 수도 있다. 이런 문제의 잘못을 자신의 잘못으로 옮겨가는 일은 없어야 한다.

우리가 살아가다 보면 많은 일들이 벌어지기 마련이다. 그런 상황을 문제로 바라볼 것인지 성장으로 받아들일 것인지는 개인 선택의 문제이다. 우리의 일상에서 문제를 문제로 바라보지 않는 연습을 해보자. 문제를 바라보지 않고 흘려보내자.

직장을 예로 들어보겠다. 회사의 시스템이 망가졌다. 그렇다면 나의 문제인가 회사의 문제인가. 이것은 회사의 문제이다. 나의 몸이 고장이 났거나 아무런 피해가 없다. 해결되지 않았을 때의 불안감, 상사의 잔소리, 해결과정에서의 고통이 무의식에서 한 번에 피어나게 된다. 사실 문제가 일어나지 않았는데 문제라고 생각하는 것도 대부분이다. 시스템의 부품이 없어서 고치질 못하는 경우가 허다하다. 어쩌겠는가. 기다려야 한다. 부품이 없이 초능력으로 만들 수 있다면 그 사람은 세계 최고의 부자가 되어 있을 것이다.

우리가 문제를 문제로 바라보지 않기 위해서는 발전된 자신의 상태가 필요하다. 회사의 일이 아니더라도 당당할 수 있는 발전된 기술이 필요하다. 문제에 대한 의식을 바꾸는 힘도 길러야 한다. 독서, 나만을 위한 자기계발, 명상, 신이 되었다는 느낌 등. 문제는 시간이 흐르면 지나간다는 확신을 가지는 사람이 되기로 우리 스스로 맹세하자.

# - 3 -

# 위기는
# 기회라고 믿어라

 

나는 결국 회사를 그만두고 빌딩중개업을 선택했다. 프리랜서이기 때문에 다달이 받았던 월급의 개념은 이제 없어졌다. 회사의 불법방류를 결국에는 언론과 공공기관에 신고를 했지만 내가 바랐던 처리는 되지 않았다. 사실 기대를 안 한 것도 사실이었다. 군 생활과 직장생활을 하면서 대한민국이란 나라에 적잖게 실망했기 때문이다. 예상을 한 덕에 실망감은 없었다. 이제는 이 위기를 어떻게 해쳐나가야 할지 정말 고민이 많았다. 세상이 날 버린 것만 같았다. 진실을 말하는 사람들이 피해를 보는 세상이 너무 싫었다. 그렇기 때문에 더욱 좋은 유튜브를 찾고 독서를 했다. 결국 그것이 나를 일으키는 원동력이 되었다.

강남으로 가는 버스 안에서 눈을 붙여야만 피로가 쌓이질 않았다. 그래야만 밤늦게까지 버틸 수 있는 체력이 됐다. 부동산의 '부'자도 모르는 내가 무작정 도전을 했다. 다시는 을의 입장에서 피해를 보기 싫었기 때문이다. 빠르게 부자가 되려고 한 선택이었다.

그렇지만 기대만큼 이곳도 호락호락 하지 않았다. 고소득을 올릴 수 있는 기회는 분명히 있다. 그렇지만 1년 동안 계약을 못하는 경우도 허다했다. 빌딩이라는 것은 쉽게 거래가 나는 것이 아니었다. 수수료도 중개업소마다 다르겠지만 신입은 사실 많은 수익을 가져가지 못한다.

그렇기 때문에 나는 천 억대 빌딩을 계약하려고 했다. 그래야 조금이나마 낮은 수익률로 돈을 가져가기 때문이다. 하지만 그럴 확률은 쉽지 않았다. 그래서 100억에서 200억대의 빌딩 거래를 하려고 했다. 사실 이것도 많은 확률은 아니었다. 내가 너무 무모했나 하는 생각을 했다. 하지만 난 막다른 길이라고 생각했다. 나는 위기를 기회로 바꿔야만 했다.

이런 낭떠러지 같은 상황에서 자기암시를 통해서 마음을 부여잡았던 것이다. "나는 모든 면에서 날마다 점점 더 좋아지고 있다!"를 외쳤다. 나만의 암시 문구를 만들어서 출근길과 퇴근길에 날마다 외쳤다. 그렇게 하루하루 희망적인 메시지로 버텨나가고 있었다.

빠르게 부자가 되기로 했으면 나는 남들과 달라야 했다. 그렇기 때문에 유튜브를 선택한 것이고, 내가 생각한 대로 편집 기술이 있는 사람들은 없었다. 그렇게 하나하나 나의 생각이 맞아 들어가는 확신이 생겼기 때문에 자신감이 붙었다. 그렇다면 이제 문제는 적어도 100억 이상의 건물을 어떻게 계약을 하느냐의 문제였다. 사실 100억대 자산가를 일부러 피하는 사람들도 적지 않았다. 내가 있던 곳의 대부분의 거래는 50억에서 80억 사이의 꼬마빌딩이 주로 거래되고 있었다. 이제 막 3개월도 안 된 신입이 100억대의 건물을 계약하는 것은 꿈같은 이야기일 수도 있다. 하지만 난 자신감이 붙은 상태였다.

좋은 자리에 건물이 있어도 매수자가 없다면 소용없는 건물이나 마찬가지였다. 마침 매수자가 130억대 건물을 매수한다고 나타났다. 그럼 매도인이 있어야 한다. 때마침 딱 좋은 건물이 있었다. 하지만 문제가 있었다. 매수자가 좋아하는 물건의 매도인이 만만치 않은 상대였다. 이 건물은 3년 동안 매물로 나왔지만 거래가 되질 않았던 것이다. 매수자가 빌딩을 구입하기 전에 건물 상태를 보는 것은 일반적이다. 외부를 보는 것은 문제가 되질 않는다. 그렇지만 내부가 문제이다. 임차인들도 눈치가 있다. 그렇기 때문에 외부인이 들어와서 둘러보는 모습이 보이면 더 이상 임차를 하고 싶지 않아하는 경우도 있다. 건물 주인이 바뀌면 그들도 새로운 인간관계를 형성해야 한다. 이것이 많은 부담이기 때문이다. 그렇기 때문에 3년 동안 건물의 매매가 이루어지지 않았던 것이다.

일단 매도인에게 전화를 걸었다. 매도인도 이런 전화를 수도 없이 받아본 터였다. 그렇기 때문에 전화에 상당한 내공이 필요했다. "대표님, 안녕하세요. 지금 관심을 가지는 매수인이 계십니다. 거래를 하시나요?" 나는 조심스럽게 물어보았다. 매수자는 "확실하면 팔게요. 근데 이런 전화 너무 많이 받아서 기대는 안 합니다." 이렇게 되면 반은 성공을 한 것이다. 다른 직원들에게 들었던 것 보다는 매도인이 부드럽게 말했다. 그렇게 매도인이 건물을 팔 의향이 있다고 들었다면 이 사실을 매수인에게 전달하면 된다.

다음날이 되었다. 매수인은 건물을 둘러보았고 마음에 들어 했다. 이렇게 되면 반은 성공인 것이다. 많은 사람들이 이런 상태만 보고 계약이 성사될 것이라고 생각한다. 그렇지만 그것은 큰 오산이다. 두 사람 모두 130억대의 빌딩을 거래하려고 하는 사람들이다. 1억, 2억의 네고가 있는 것이 사실이고 이 상황 때문에 계약 직전의 상황에서도 거래가 안 되는 일이 많다. 네고만의 문제는 아니었다. 앞서 말한 매수자가 건물의 내부를 둘러보고 싶어 했다. 매도인에게 전화를 했다. 매도인의 답변은 '노'였다. 예상한 일이었다. 3년간 거래가 안 되었던 것도 바로 이 문제 때문이었다. 이 문제를 해결해야만 거래가 성사될 수 있었다.

하루 이틀 지나갈수록 조급해졌다. 다행히 매수자는 이런 상황에서도 건물을 한 번 더 둘러보았다. 불행 중 다행이었다. 그럼 이제 어떻게 매도인을 설득을 하는 것이냐가 핵심이다. 나는 매수인에게 전화를 걸었다. 단호한 의지를 보여주기로 작정을 했다. 나는 이제 물불 가릴 것 없는 사람이었다. "매수인이 또 건물을 둘러보셨습니다. 매수인께서 의지가 확실해 보입니다." 그러자 매도인은 강한 거부감을 내비쳤다.

재차 내가 말을 했다. 나도 화가 났다. "아니 상식적으로 100억 넘는 건물을 사는데 내부를 안보고 어떻게 삽니까? 1~2억 하는 빌라도 아니구요! 매수인이 마음에 들어서 건물을 몇 번이고 다녀간 의지를 보였는데 너무한 거 아니십니까!?" 답답한 마음에 나는 강하게 밀어붙였다. 잠시 정적이 흘렀다. 이렇게 되서 기분이 상해 매도인이 거래를 안 한다면 거래는 없는 것으로 된다. 약간의 정적 후 수화기 너머로 매도자의 답변이 왔다. "매수인의 매매의지가 확실하다면 내가 건물 관리인에게 전화를 해서 안내해달라고 할게요. 내부 확인하세요."

많은 사람들이 3년 동안 풀지 못했던 일을 3개월밖에 안 된 내가 해결을 했다. 나는 희열감을 느꼈다. 나도 나를 시험하고 싶었다. 그래서 무작정 빌딩중개업계에 발을 디뎠다. 그런 나의 확신이 틀리지 않았다는 사실이 나는 너무 좋았다.

매수자가 건물의 상태를 꼼꼼히 볼 수 있었다. 내부도 매우 흡족해했다. 계약 일정이 잡히고 결국 계약이 성공적으로 이뤄졌다.

'깨진 그릇에 복이 있다.'라는 중국속담이 있다. 우리가 가진 그릇은 천차 반별이다. 또한 어떤 물건을 담을 수 있는 그릇인지 용도를 알 수도 없다. 크기도 제각각이기 때문이다.

나도 그릇이 깨진 케이스이다. 나 자신을 시험을 하고 싶었다. 그렇기 때문에 나는 나 자신을 제대로 볼 수 있었다. 이런 도전으로 알 수 있는 것 한 가지가 있었다. 나의 그릇이 큰지 아닌지 아직 잘 모르겠지만 확실한 것은 부자들과 어울릴 줄 아는 사람이라는 것이다. 만약 내가 적당한 월급과 월급에 만족하는 사람들과 어울렸다면 나의 가능성을 알아볼 수 있는 기회는 없었을 것이다.

30대가 넘어간 시점에서 도전이었다. 무모했다. 그렇지만 도전하지 않고 자신의 그릇을 가늠할 방법은 없다. 당신도 사실 100억대 부자들에게 전혀 주눅이 들지 않는 사람일 수도 아닐 수도 있다. 그렇지만 온실 속의 화초로만 살아간다면 당신에게 기회가 오지 않는 것이 사실이다. 현재 코로나로 많은 부분이 어렵다. 주식이 폭락했다. 폭락을 기회로 투자를 한 사람들이 돈을 많이 벌었다. 반면 위기를 두려워해 폭락장에서 돈을 회수한 사람들은 땅을 치고 후회를 한다. 이런 사실을 많은 미디어에서 쏟아내지만 기회의 핵심을 모르는 사람들이 많다는 것이 안타깝다. 위기 속에 기회가 있다고 믿고 앞으로 나아가자!

# - 니 -

# 지금의 시련이
# 성장으로 이어진다고 믿어라

나는 나를 지옥으로 보낸 시련을 이겨내고 싶었다. 그런 나의 무기는 바로 책 쓰기였다. 나는 책을 쓰는 것을 책 쓰기 코치 김도사(김태광)에게 배웠다. 내가 김도사에게 배운 이유는 유튜브를 봤기 때문이다. 그의 책 쓰기 관련 유튜브를 처음 본 것은 2년 전이었다. 그러나 그 당시는 회사의 불법방류를 보기 전이었다. 미래를 대비하려는 다양한 시도를 하던 때라 책 쓰기도 하나의 옵션일 뿐이었다.

그렇게 시간은 2년이 지났고 우연히 다시 유튜브 동영상을 보게 되었다. 그 순간이 나를 지금의 작가가 되게 해주었다.

나는 정말 지독하게 가난했다. 사실 IMF 전까지 그럭저럭 먹고살만 한 가정이었다. 그렇지만 IMF 후 급격하게 가세가 기울었다. 순식간이었다. 집도 이사를 가야 했다. 당시 나는 초등학생이었다. 처음에는 몰랐지만 중학생, 고등학생이 될수록 점점 나의 미래에 대한 불안감이 생겼다.

나는 학창시절 내내 부정적이었다. 불행 중 다행인 것은 '어떻게 부자가 될 수 있을까?'라는 것에 대해 사색하는 버릇이 어린 시절부터 있었다는 것이다. 그래서 친구들이 선생님과 친구들에게 내가 멍 때리는 일이 많다는 말들을 많이 했다.

성인이 되어서 밥은 먹고살 정도의 직장을 구했다. 하지만 어린 시절부터 부자에 대한 호기심을 가졌던 탓일까. 월급으로는 도저히 여유로운 삶을 누릴 수 없다는 것을 진즉 알았다. 하지만 문제는 무엇을 해야 하는지 몰랐다는 것이다. 주위에 단 한명도 성공한 사람이 없었다. 아니 한 사람 건너서도 누가 성공했다는 말조차 못 듣고 자랐다. 그렇기 때문에 나의 20대를 평범한 직장생활로 보낸 것을 인생 최대의 실수로 생각을 했다. 30대는 20대 때의 실패를 되풀이하고 싶지 않았다.

사람은 이기적인 동물이라고 생각한다. 자신의 욕망을 채우기 위해서 천사가 되기도 하고 악마가 되기도 한다. 결국 책을 쓰는 것도 궁극적으로 나의 성공을 위함이다. 책을 쓰면 성공을 하고 독자에서 작가로 위치가 바뀐다. 성공한 작가들은 책을 집필해서 강연료를 받고 강연을 하며 그것을 자신에게 맞는 사업에 적용시켜 큰 부를 이룬다. 나도 그렇게 되고 싶었다.

나는 성공하고 싶은 욕망이 가득했다. 책을 쓰면서 나뿐만 아니라 많은 사람들에게 선한 영향력을 끼치고 싶다는 생각도 점점 강렬하게 피어났다. 나는 정말 당신이 스트레스를 받지 않기를 기도하는 마음으로 글을 써나가게 되었다. 나 같은 피해자가 나오질 않기를 바랐다. 나의 실패를 공유해서 당신이 삶을 조금 더 풍요롭게 살았으면 하는 마음이었다.

많은 성공한 사람들이 책을 쓴다. 부자인 그들이 쓰는 이유는 결국 자신의 이름을 남기고 싶은 것이다. 또한 선한 영향력을 끼치면서 긍정적으로 살아간다. 이것이 가장 큰 장점이라고 생각한다. 책을 쓰면 그 과정에서 긍정적인 에너지가 나온다. 그래서 자연스럽게 나도 모르게 끌어당김의 법칙이 작용한다. 또한 이미 책을 쓰면 성공한 사람이라는 느낌을 강력히 받는다. 이것은 끌어당김의 법칙 중 가장 중요한, 자기 확신에 관한 점이 크게 작용하는 부분이다.

전문성도 커지게 된다. 내 책의 제목에 따라서 스트레스에 대한 연구를 해야 한다. 또한 긍정적인 스트레스의 원인을 나 스스로 적립하게 되었다. 결국 나는 자동적으로 스트레스에 대한 고수가 되어 있었다.

나는 절실했다. 나의 이 시련을 정말 빠르게 벗어나고 싶었다. 그래서 나는 나의 모든 것을 투자하여 책 쓰기를 시작했다. 작가가 되고 싶다면 우선 자신이 진정으로 책을 쓰고 싶은지 고민을 해야 한다. 책을 정말 쓰고 싶다면 최고의 김도사에게 배우길 바란다. 많은 사람들이 실력 없는 사람들에게 배워서 책을 못 내고 김도사에게 오는 경우를 나는 많이 보았다.

앞에서 말한 바와 같이 나는 두 눈으로 정년퇴직자의 삶을 피부로 느꼈다. 만약 그들이 젊은 시절 책을 썼다면 그들은 낚시를 하며 노년을 보내지 않았을 것이다. 낚시에 대한 책을 집필을 하고 있을 것이다. 집필을 하는 동안 인세도 들어왔을 수도 있다. 책은 자신의 위치를 바꾸는 마케팅의 수단이자 종이로 된, 월세 나오는 빌딩이다.

남들이 하기 쉽지 않다는 정년퇴직을 했으니 성공한 삶을 살았다고 생각할지도 모른다. 아침에 일찍 일어나고 밤늦게 퇴근한 것을 자랑으로 삼으며 살았고 가족을 위해 자존심을 구겨가면서 산 것을 희생이라고 하며 살았다. 자신의 이득을 위해서 남을 험담하기도 하고 자신이 당하기도 하며 살았다. 그런 삶을 자랑거리라고 말할 수도 있다. 하지만 결국 평범한 삶이었다.

퇴직금과 나름의 투자방식으로 현금을 어느 정도 보유한 사람들도 더러 있다. 그렇지만 60세 퇴직 후 80세까지 죽지 않는다는 가정을 했을 때 남은 20년은 긴 과정이다. 20년 동안 돈에 관련된 많은 문제가 발생될 수도 있다. 하물며 요즘은 120세 시대라고까지 한다. 그렇기 때문에 우리는 책을 쓰며 압도적인 부자가 되어야 한다.

그들은 평범함을 자랑으로 삼는다. 그들이 평범한 이유는 진정한 시련이 없었기 때문이다. 시련이 없기 때문에 성장이 없는 삶을 살았던 것이다. 그들은 공무원을 때려 치우고 자신의 길을 가는 사람, 나처럼 작가가 되기로 작정을 한 사람, 도전하는 모든 사람들에게 부정적이다.

내가 단도직입적으로 말해 불편할 수도 있겠다. 하지만 이것은 분명한 사실이다. 그들이 10년 전, 20년 전 딴 자격증을 자랑스럽게 말하는 것을 많이 들었다. 결국 자신의 시간을 공장의 부품으로 살아간 것을 택한 것이다.

지금의 시련이 성장으로 이어진다고 생각하자. 확신을 가지고 나의 성장을 즐기면서 꿈을 가지며 살아가도록 하자. 그 과정이 순탄치 많은 않다. 남들의 비아냥과 무시 속에서 버티는 힘을 길러내자. 나는 당신이 평범하지 않은 사람이 되길 바란다.

- 5 -

# 타인보다 나를
# 사랑하는 연습을 해라

　직장생활을 하게 되면 제안 활동, 프로젝트, 발표 등 많은 일들을 같이 할 때도 있다. 그럴 때마다 자신보다 남을 배려하게 되면 나의 업무에 차질을 빚게 되는 경우도 많다. 정작 내가 필요한 업무는 하지 못한 채 나만 바보가 되는 경우도 있다. 또한 부탁을 하면 상대가 들어줄지 말지 하는 고민에 빠지기도 한다. 이런 애매한 상황은 결국 안 좋은 결과만 끌어내게 되어 있다. 배려를 하는 동안 정작 배려하지 않은 사람들은 업무처리나 성과가 좋아지는 경우도 많이 있다. 자신이 방해의 요소가 되지 않으려는 노력은 남에게 인정을 받기 위한 경우와 연결이 된다. 그렇기 때문에 마음속에 결핍의 상태가 드러나게 된다.

분기마다 공장 임원들에게 개선에 대한 발표를 해야 했다. 사실 이런 일들이 필요가 없다고 하는 의견이 많았지만 윗선에서 강력히 요구했다. 결국 엔지니어로서 외적인 일들을 하기 보다는 발표 자료에 온 신경을 쏟아야 했다. 앞서 밝혔듯이, 나는 이런 보고자료를 만들어주느라 새벽에 출근을 하기도 했다. 막내 사원이었기 때문에 나의 의지를 보이려는 순간이었기도 하다. 한두 번 계속 보고를 해보니 평생을 이렇게 근무를 해야 하나 하는 생각에 빠지게 되었다. 덕분에 내 노력이 결국은 남의 돈을 벌어주는 시스템일 뿐이라는 사실을 깨닫게 되었다.

어쨌든 나는 몇 년 동안이나 더 근무를 했다. 그 과정에서 도움을 주는 사람들도 있지만 결국은 자신의 이득을 위해서 그때만 잠시나마 부탁을 하는 것이었다. 외부 업체와의 관계에서도 마찬가지이다. 그들도 순전히 그들의 자산을 불리기 위한 수단으로 나와 대화를 하는 것뿐이다. 우리는 남을 배려하라는 말을 들으며 교육을 받아왔다. 하지만 이것은 잘못된 교육방식이다. 성인이 되고 사회에 나와서는 단 한 가지 때문에 배려를 한다. 그것은 자신의 성공이다. 그것은 자신의 돈과 자산, 명예, 때문에 배려를 하는 것이다.

당신이 지금 만나고 있는 사람들이 나의 자산, 돈, 명예에 도움이 되는 사람들인지 생각을 해보며 배려를 하는 것이 자신을 사랑하는 법이라고 생각한다. 자신을 사랑하라고 해서 무턱대고 이기적으로 살아가다 보면 쓸데없는 적이 만들어져서 피곤해진다. 자신을 중심에 두고 타인보다는 나에게 초점을 맞춰 살아가다 보면 우리의 삶이 훨씬 더 편해진다.

개인적으로는 빌딩중개업보다 더 큰 기회가 찾아왔다. 그래서 계약이 성사가 된 후 중개업을 그만두었다. 그렇지만 인생을 살면서 빌딩중개업을 조금이나마 해보았던 것을 큰 자산이라고 생각을 한다. 우리나라에서 가장 독한 사람들이 있는 곳이기 때문이다. 또한 부가 집중되는 곳이다. 결론적으로 자신의 한계와 그릇을 시험해볼 수 있는 좋은 곳이기 때문이다.

중개업을 하다 보면 며칠을 버티지 못하고 중개업을 떠나는 사람들이 많이 있다. 그중에는 학벌이 높았던 사람도 많이 있었다. 컨설팅 업계에서 독보적이었던 사람도 있었다. 그렇지만 얼마 가지 못하고 퇴직을 했다. 그들이 퇴직을 하는 이유는 여러 가지가 있었다. 처음 하는 업무였기 때문에 적응이 힘들어서, 막상 전화 상담을 하려고 하니 큰 부를 가진 사람들이 두려워서, 오픈되어 있는 공간이라 나의 상담내용을 남들이 들을까 봐 등이 걱정의 대부분이다.

앞서 말했듯이 빌딩중개업을 할 때는 사이코패스와 소시오패스의 성향이 있는 사람들이 성과가 좋다고 말했다. 최소 50억에서 천 억 이상의 자산가들을 상대하려면 그만 한 '똘끼'는 있어야 한다.

중개업이라는 특징은 결국 매수인과 매도인과의 관계에서만 오는 것이 아니다. 같은 직원들 간에서도 중개업무의 특성을 들여다보아야 한다. 중개라는 것은 결국 중간자 역할이다. 이것은 놀랍게도 같은 업무를 하는 사람들과의 관계에서도 적용이 된다. 그 이유는 어떤 물건을 좋아하는지 아무도 예상할 수도 없기 때문이다. 나의 고객이 나의 매물을 마음에 들어 할 수도 있지만 다른 직원의 매물을 좋아할 수도 있다. 그렇기 때문에 직원 간의 인간관계에서도 중간을 유지해야 원만한 계약이 이뤄질 수 있다.

하지만 이중에서도 독보적으로 타인은 신경 쓰지 않고 자신의 매물만 지독하게 소개를 하는 사람들이 있다. 성공과 돈에 대한 집착이 남다른 사람들이다. 결론적으로 내가 본 사람들 중 자신의 매물을 지독하게 소개하는 욕망이 넘치는 사람들이 계약 건수가 많았다. 그들에게는 남들에게 없는 투지가 있었다. 결국 그런 점이 자신들을 지탱하는 힘이 되었던 것이다.

자신이 좋아하는 일을 한다는 것은 참으로 행복한 일일 것이다. 하지만 대부분 그런 일들을 하지 못하는 것이 현실이다. 하지만 요즘 시대가 많이 변화했다. 결국에는 많은 사람들이 자신이 좋아하는 일을 하면서 엄청난 부가가치를 올리는 시대가 되었다. 유튜브로 일상을 올려도 수익이 나는 시대가 된 것이다. 자신을 드러내면서 큰 공감을 이뤄내고 그것이 수익이 되면서 미래를 설계해나갈 수 있는 것이다.

자신을 드러낸다는 것은 자신을 사랑한다는 것이다. 많은 유튜브 영상을 보면 자신감 넘치는 사람들이 많다. 남을 신경을 쓰지 않으면서 자유롭게 다른 사람들을 인터뷰를 하는 영상도 볼 수도 있다.

우리는 점점 '1인 사회'로 되어가고 있다 사회가 발전을 하면서 이제는 혼자 놀아도 전혀 이상하지 않는 시대가 오게 되었다. 코로나 시대로 모임과 술자리도 없어졌다. 그렇기 때문이 이런 1인 사회는 점점 더 가속화되고 있다. 결국 타인과의 관계를 고민하지 않아도 되는 시대가 이미 우리에게 온 것이다.

타인과의 관계를 고민하지 않아도 되는 시대이다. 그렇다면 우리는 혼자 있는 시간을 어떻게 보낼 것인지 고민해야 한다. 자신을 사랑하는 방법은 여러 가지가 될 수 있다. 여행과 운동으로 자신의 스트레스를 날려버릴 기회를 갖는 것도 중요하다.

나도 오래 살지 않은 인생이라고 생각한다. 하지만 경험을 통해서 예전과 현재를 비교할 수는 있다. 10년 전만 하더라도 식당에서 혼자 밥 먹는 것은 외로운 사람, 친구가 없는 사람이라는 인식이 강했다. 인간관계를 잘 못하는 사람이라는 생각까지도 들게 만드는 눈총이 있었다. 하지만 지금 우리가 사는 지금 이 시대는 어떤가. 혼자서 음식점에 가서 음식을 먹는 것도 이제는 이상하지 않는 시대이다. 아니 오히려 권장한다. 숨이 막히고 답답함도 많다. 많은 사망자와 감염자가 나와 경제 상황도 어려운 상황이다. 그렇지만 새로운 관점에서 바라보면 정말 자신에게 온전히 시간을 투자할 수 있는 상황이다.

위기 속에 기회가 있다는 것은 이제 누구나 알게 되었다. 코로나 시대에 자신을 사랑하는 방법을 통해서 독서, 명상, 자기암시 등 자신에게 사랑을 줄 수 있는 것을 꾸준히 실행해야 한다. 그런 노력이 결국 자신을 발전하게 하는 것이고 결국 현실세계에 창조되면 자신을 바꾸어나가는 기회가 되는 것이다. 우리가 진정으로 원하는 것을 찾아야 한다. 타인을 위한 세상의 도구로 살아가는 것보다 자신을 타인보다 사랑해야 한다. 그렇게 성공의 지름길로 들어서야 한다.

- 6 -

# 끌어당김의 법칙을
# 실행하라

끌어당김의 법칙을 어떻게 하면 잘 실행할 수 있을까? 우리가 이 세상
을 행복하게 살아가기 위해서는 끌어당김의 법칙을 이용해야 한다. 하지
만 이것을 잘 모르기 때문에 대부분이 힘들게 산다. 유튜브와 독서에서
는 많은 내용들이 나온다. 그것을 자기 나름대로 적립하고 활용해야만
우리 현실에서 나타나게 되어 있다.

사실 끌어당김의 법칙은 추상적이라고 말할 수도 있다. 신화 같은 이
야기라고 하는 사람들도 많다. 그렇기 때문에 오히려 기회인 것이다. 당
신은 이 법칙으로 다른 사람들보다 앞서 나갈 수 있다.

그렇다면 어떻게 실행해야 할까? 나는 끌어당김의 법칙이 안 되는 이유에 대해서 설명했다. 과학적 근거가 없는 것일까 하고 의심하는 사람들도 있고 확실하지는 않지만, 과학적으로 증명되고 있는 부분들이 있다. 사실 우리는 우주의 끝도 가보지 못한 존재들이다. 그러니 우주의 법칙, 끌어당김의 법칙을 이야기하는 것이 터무니없을 수도 있다. 그렇지만 이 지구상에서 나타난 현상들과 성공자의 사례들로는 증명할 수 있을 것이다. 그렇게 우리는 끌어당김의 법칙을 이해할 수 있다.

우주의 구성성분, 우리 몸의 구성성분, 양자역학, 중력, 진공, 입자, 프랙탈이론, 블랙홀 이런 부분을 설명할 수 있는 지식이 나에게는 없다. 그렇지만 끌어당김의 법칙에 관심이 있는 사람이라면 결국 하나로 연결된다는 것은 부정할 수는 없다. 생각이 우주를 탄생시켰다. 우리의 몸은 원자로 구성이 되어 있고 그 원자 주위를 전자가 돈다. 원자와 전자 사이에는 텅 빈 공간이 나온다. 결국 무, 진공이라는 것이 지금의 과학으로 표현할 수 있는 한계이다. 결국 아무것도 없는 곳에서 생각, 즉 상상이 이 우주를 창조를 했고 우리가 살고 있는 시대를 만들어낸 것이다.

그렇다면 상상력이 끌어당김의 법칙의 핵심인 것은 알았다. 하지만 우리가 사는 세상에서 긍정적으로 상상하기란 현실적으로 너무 힘들다는 사실은 맞다. 대한민국은 계급사회이다. 분단국가이다. 주변 강대국이 많다. 자본주의 사회로써 돈이 우선시되는 세상이다. 또한 자살률도 세계 최고 수준이고 내가 어린 시절부터 지금까지 자연 재난도 많았고 인적 재해도 많았다. 긍정적으로 살아간다면 도인수준이다. 아니면 이런 것을 무지하게 지나가도록 엄청나게 둔하면 편하다. 우리는 태어난 김에 살아가지 않고 무언가를 이루기 위해 인생을 살아간다. 그러기 위해선 우리의 끌어당김의 법칙을 효과적으로 활용해야 한다.

내가 계속 강조하는 부분이 있다. 우리나라는 계급사회이다. 하지만 우리나라만 그럴까? 결국 모든 세계는 결국 계급사회로 되어 있다. 시장 경제를 통해서 이루어지는 세상에서 가장 힘을 발휘하는 것은 자본이다. 명예, 권력, 돈. 어쨌든 이 부분을 우리의 상상의 법칙으로 끌어당겨야 높은 계층으로 이동할 수 있는 것이다.

결국 우리는 자산을 많이 쌓아야 긍정적으로 살아갈 수 있는 시스템 속에서 살고 있다. 우리가 불행하다고 생각하는 우울증, 스트레스의 대부분의 원인은 바로 돈에 대한 문제이다. 이 문제는 우리가 당연하게 알아왔던 것이다. 우리의 스트레스의 가장 큰 원인이 돈이라는 것은 우리가 말하지 않아도 잘 알고 있다.

끌어당김의 법칙은 돈에 대한 지식을 쌓으면 우리가 사는 세상에서는 엄청난 효과를 발휘한다. 사실 우리가 어렸을 때 돈에 대한 방법을 터득했던 지식을 알아보자. 선생님이 단상에 올라 교육을 하고 평가하여 등수를 매긴다. 더 좋은 대학과 직장에 가는 것이 성공의 법칙이라고 배웠다. 이미 엄청나게 긴 시간동안 우리는 가난해지는 끌어당김의 법칙을 실행하고 있었던 것이다. 끌어당김의 법칙을 성공한 사람들을 보면 결국 직장인들은 없다. 자신이 톱니바퀴로 살아가면서 성공을 했다는 사람은 단 한명도 없는 것이다. 이것이 중요한 끌어당김의 법칙인 것이다.

그렇다면 그들은 왜 부자가 되고 성공할 수 있었을까? 어떻게 끌어당김의 법칙을 실행할 수 있었을까? 그들은 많은 사람들의 불편함을 해소했다. 그렇기 때문에 가치 있는 사람들로 평가를 받을 수 있었다. 우리가 사용하는 휴대폰을 예로 들어보자.

지금 현재 최고의 기업으로 평가받는 회사는 애플과 삼성이다. 그들은 스마트폰으로 단숨에 세계적인 기업이 되었다. 스마트 폰이 없어도 우리 인간은 살아갈 수 있다. 영양소도 아니고 물도 아니다. 생명을 유지하는 데 사실 아무런 필요도 없는 것이다. 하지만 스마트폰은 우리의 불편함을 너무 많이 해소해준다. 정보를 전달하는 시간을 줄여주고 세상에 소통하는 시간도 빠르게 해주는 것이다. 그렇기 때문에 그것을 개발한 회사는 세계 최고의 기업으로 평가를 받는 것이다.

많은 사람들의 불편함을 해소하는 가치 있는 사람이 되면 돈은 저절로 끌어당겨질 것이다. 가치를 창출하는 지식이 확실히 있을 때 비로소 긍정적으로 살아갈 수 있다. 또한 금융이나 부동산 지식도 가지면 더욱더 큰 힘을 발휘한다. 우리가 불편함을 해소하기 위한 교육을 받아본 적이 있는지 곰곰이 생각해보길 바란다. 당신은 지금까지 남의 돈을 벌어주기 위한 수단이 되어달라고 기도를 하고 노력을 했다. 당신이 부정적인 것은 어쩌면 당연한 결과인 것이다.

끌어당김의 법칙을 활용해서 성공한 사람들이 돈에 쓰는 곳에서 자신의 시간을 투자하는 것도 쉽게 끌어당김의 법칙을 실행하는 한 가지 방법이다. 우리가 생각하지 못하는 곳에서 부자들은 돈을 사고 판다. 뉴욕 크리스티 경매에서 역대 최고가를 경신한 레오나르도 다빈치의 〈살바토르 문디〉라는 작품은 5천 억이라는 낙찰가를 기록했다. 평범한 사람들이 쉽게 상상하지 못하는 액수이다. 그림에 관심이 없는 사람들은 도저히 납득이 안가는 결과일 것이다. 하지만 많은 부자들이 수천억에서 수백억까지도 경매에 돈을 들인다. 이것은 부자들이 가치가 있다고 판단했던 것이다. 아무리 뛰어난 작품이라고 한들 가치가 측정되지 않으면 의미 없다.

지금 가장 핫한 투자 분야라면 NFT 분야라고 생각한다. 가상화폐의

한 종류이지만 비트코인과 달리 대체 불가능하다. 그렇기 때문에 희소성이 있다. 또한 채굴 방식이 아닌 자신이 제작해서 등록을 할 수 있다. 그렇기 때문에 나 역시 현재 도전을 하고 있다.

얼마 전 일론 머스크의 아내 그라임스의 디지털 회화가 78억 원에 낙찰되었다. 일론 머스크의 말 한마디에 비트코인 가격이 오르락내리락하며 세계가 들썩인다. 하물며 아내가 현물 그림도 아닌 디지털 그림을 샀는데 세계적인 관심이 쏠리는 것이다. 결국 부자들의 관심이 가는 곳에 부가 있다는 것을 증명한 셈이다. 우리는 다른 곳에 집중하지 말고 오로지 부자들의 관심에 끌어당김의 법칙을 이용해야 한다.

지금의 유튜브도 왜 사람들이 모이는 것일까? 결론은 간단하다. 많은 부가 창출이 되는 곳이기 때문에 사람들을 끌어당기는 것이다. 유튜브 세상은 짧은 시간 자신에게 위안과 재미를 주는 곳이다. 많은 사람들에게 희망이 되기도 하고 재미를 주게 되었고 많은 정보를 쉽게 찾을 수 있다. 많은 불편한 부분을 개선할 수 있는 꿈의 무대가 된 것이다.

우리나라의 소수의 사람들에게 쏠려있는 것은 사실이다. 그들은 우리나라의 성장이 시작할 때 우주의 법칙과 끌어당김의 법칙, 확신의 힘 등 여러 가지가 겹쳐졌을 때 기회를 잡은 이들이다. 다시 우리나라가 80년

대처럼 급격한 경제성장을 할 시기가 또 온다고 믿고 싶다. 하지만 그런 추상적인 미래에 우리의 상상력을 맡기기에는 너무나 큰 도박이다. 우리가 맞이할 새로운 세상이 왔다. 그 시작점에 우리는 서 있는 것이다. 이른바 메타버스 시대이다. 가상의 세계가 더욱 부각되고 있는 시점이다. 유튜브 때문에 혼자 놀아도 되는 시대이다. 결국 상상력이 뛰어난 사람이 가상공간에서 창작물을 만들어야 성공하는 시대이다. 가상공간의 성공이 현실세계의 성공이 되는 시대가 된 것이다. 이제 당신의 상상력으로 끌어당김의 법칙을 마음껏 펼쳐보자!!

# - 7 -

# 조급해하지 말고
# 멀리 보고 행동하라

우리가 조급해지는 이유는 무엇일까? 그것은 눈앞의 현실만 바라보며 실패를 두려워하기 때문이다.

중국의 최대 부호 마윈은 경찰이 되고 싶었다. 마윈은 경찰 시험을 보러 갔다. 5명 중 4명이 합격하고 유일하게 혼자 떨어졌다. 자신이 사는 동네에 KFC가 들어왔다. 24명이 일자리를 구하러 갔고 23명의 사람이 합격했다. 유일하게 마윈만 떨어졌다. 그는 하버드대학에 입학원서를 열 번이나 냈지만 이마저도 거절을 당했다. 그는 영어를 배우고 싶었다. 그래서 당시 항저우 호텔로 갔다. 외국인 손님이 많았기 때문에 대화를 할 수 있겠다는 생각 때문이었다. 그래서 매일 아침 9년 동안 외국인들에게 공짜로 가이드를 시켜줬다. 결국 그는 가이드들과의 대화에서 영어뿐만 아니라 자신의 환경과 다른 사고방식을 배우고 갖게 되었다. 결국 그는 세계적인 대부호가 되었고 많은 사람들에게 큰 영향력을 끼친 사람이 되었다.

마윈은 좋은 집안에 태어난 것도 아니고 엄청난 대학을 나온 것도 아니었다. 그렇지만 그는 인터넷이라는 세상을 꿈꾸고 앞으로 나아갔다. 그는 남들보다 미래를 내다보고 자신의 팀원과 함께 나아갔던 것이다. 그래서 그는 그토록 원하는 세상이 왔을 때 준비가 되어서 성공을 쟁취할 수 있었다.

우리는 성공하는 삶을 꿈꾼다. 부자가 되고 싶고, 명예를 얻고 싶어한다. 모든 사람들의 희망사항이 부정적인 것은 없다. 그렇지만 모두가 이런 꿈을 왜 이루지 못하는 것인지 생각해볼 필요성이 있다. 너무나 힘든 시련이 닥쳐와서 모든 것을 포기하고 싶은 순간도 있다. 그럴 때마다 터무니없는 꿈을 꾸었는지 생각할 때도 많다. 상상하는 모든 것은 결과가 되어 돌아올 때 시간이 걸리기 마련이다.

당신은 멋진 스포츠카를 상상하며 우주의 법칙을 실현한다. 그 꿈이 만들어지는 순서는 이렇다. 우선 철광석이 필요하다. 제철소에서 뜨거운 열기와 위험한 과정으로 철을 만들어내야 할 것이다. 철이 만들어진 후 주물작업, 용접작업, 굽힘작업 등 여러 가지 엄청난 기술들이 들어가며 자동차가 조립이 되고 완성이 된다. 또 스포츠카에 들어갈 휘발유는 어떤지 생각을 해보길 바란다. 원유를 수입해 정제하는 과정을 거쳐 만들어진다. 철과 휘발유를 만드는 어마어마하게 큰 공장을 한번 들러보길 추천한다. 상상의 법칙이 왜 시간이 걸리는지 시각적으로 매우 좋은 장소일 것이다. 지구에서조차 이런 복잡하고 많은 과정으로 우리가 원하는 것이 만들어진다. 여러분은 우주에 신호를 보내고 원하는 것을 창조하는 사람들이다. 그렇다면 시간이 걸리는 것은 당연하다. 당신이 원하는 것을 도중에 포기하는 것은 상상의 공장에서 완성되기 직전의 스포츠카를 버리는 것이다. 이제 조급함을 던져버리고 상상을 마음껏 하며 우리가 사는 세상에 나타날 수 있게 하자. 당신의 꿈은 계속 만들어지고 있는 중이기 때문이다.

내가 어린 시절에 학교에서 상상그리기 시간이나 글짓기 시간이 있었다. 그중 가장 인기 있는 주제는 영상통화와 인류의 화성탐사였다. 나도 어린 시절 상상그리기 시간에 베스트주제였던 전화 받는 모습을 대충 그려서 선생님에게 낸 기억이 또렷하다. 이런 현실이 몇 년 만에 이제 당연한 일상이 되었다. 이루지 못할 현실이라고도 생각을 했다. 이제 너무 당연한 일상이 되었다. 너무 당연해서 잘 쓰지도 않는다. 귀찮아서 그냥 통화를 하는 사람들이 많다. 어린 시절을 돌이켜보면 지금의 현실은 영화에서나 나올 법한 일상이다.

지금 인류는 화성에 탐사를 하러 가는 것이 아닌 새로운 정착을 하려고 진행하는 중이다. 스페이스 엑스의 창립자 일론 머스크는 먼 미래에 지구의 최후의 날이 올 것이라고 예상했다. 그래서 화성에 인류를 정착시키려고 한다는 것이다.

어떤 이들은 머스크가 한 말이 말도 안 된다며 비아냥댔다. 하지만 결국 그는 재활용 로켓을 성공하는 장면을 전 세계인들에게 공유를 했다. 또한 민간업체에서 최초로 유인 우주선을 쏘았다. 우리는 이미 먼 미래에 일어날 극적인 일을 함께 공유하며 느끼고 있는 것이다.

우리만의 미래의 기준이 있어야 내가 원하는 모습으로 살아갈 수 있다. 그렇게 행복한 모습으로 살아갈 수가 있는 것이다. 일론 머스크는 지금은 세계의 영웅으로 추앙받는다. 하지만 불과 10년 전에는 조롱의 대상거리였다. 그가 가지고 있는 회사들이 망할 뻔한 적도 있다. 그래서 그는 신경쇠약까지 걸렸었다. 머스크는 10년을 버텨 지금의 자리에 오른 것이다.

우리는 미래를 위해 어떤 행동을 명확하게 해야 한다. 상상의 법칙이 중요하지만 결국 우리의 세계에 나타나는 것은 행동이다. 빠르게 성공을 하고 싶다면 빠른 결단. 행동도 중요하다. 하지만 그것과 같이 항상 같이 가야 하는 것이 있다. 그것은 가치가 있는 미래일 것이다. 남들이 도전하지 않는 것, 개척이 되지 않는 것, 물론 그 길은 험난할 것이다. 그렇지만 그런 두려움들과 어려움에 맞서야 한다. 그것을 이뤄나가는 선택의 순간에 가치가 있는 것에 힘을 쏟아야 할 것이다.

내게 회사의 불법을 신고하고 힘든 시련이 닥쳐왔다. 정말 이 세상이 미웠고 잘못되었다고 생각했다. 물론 정상적인 시스템이 작동하지 않는 나라에 살고 있는 것은 부정할 수는 없다. 그런 사실을 알고 신고를 결정했다. 나의 결정에 후회는 없다. 나는 나의 미래에, 즉 노인이 되었을 때 자랑스럽게 그때의 일을 이야기할 수 있다. 누군가는 겁을 내고 자신의 일이 아니라고 눈감았던 부분을 나는 자랑스럽게 맞서 싸웠다고 당당하게 말하고 싶다. 하늘이 준 시련이라고 생각했다. 결국 이런 위기는 나에게 책을 쓰게 하는 원동력이 되었고 여러분과 소통을 하게 해주었다.

내가 힘든 시련을 겪으면서 정말 크게 깨달은 것이 있다. 그것은 결국 미래는 자신이 스스로 개척해야 한다는 것이다. 결국 누구의 도움도 바랄 수 없는 순간은 분명히 오게 되어 있다. 우리의 세포는 죽기 마련이다. 나이가 들고 늙어서 힘이 없어진다. 그렇기 때문에 우리는 멀리 봐야 한다. 나에게도 이런 시련이 올 줄은 꿈에도 몰랐기 때문이다. 나도 때론 남들처럼 아무 생각 없이 커피숍에 앉아 있고 싶은 적도 많다. 미래에 대한 대응을 하지 않는 둔한 사람이었으면 하는 바람도 있었다. 하지만 내가 겪은 일을 생각할 때마다 더욱 독해지고 미래에 대한 성공을 향해서 행동을 해나간다. 결국 끝에서는 내가 승리한다는 확신이 있기 때문에 가능한 것이다.

우리의 미래를 빨리 개척할수록 당신 인생에 주인이 되는 시간이 짧아진다. 물론 빠르게 미래를 설계한다면 가장 좋을 것이다. 그러기 위해서는 누군가에게 도움을 요청할 수도 있고 배움을 원할 수도 있다. 그 과정 또한 값을 지불하기 위한 준비의 시간이 필요한 것도 사실이다.

이 책을 쓰면서 사실 직장에 대한 부정적인 글을 많이 담았다. 당신이 스트레스에 벗어나기 위해서는 직장이라는 환경을 벗어나야 행복해지기 때문이다.

나는 아주 잠시지만 우리나라에서 돈이 가장 많았던 사람과 마주친 적이 있다. 자동문이 열렸을 때 그와 마주친 순간을 잊을 수 없다. 나의 노예의 세포가 그에게 경례를 요구했다. 나는 허리가 90도가 되게 굽혀 인사를 건넸다. 그는 고개를 살짝 끄덕이며 나를 지나쳤다. 그가 떠난 뒤 집에서 무언가 알 수 없는 감정이 휘몰아쳤다. 나와 그의 차이는 무엇인지, 무엇이 나를 경직되게 했는지 답을 알 수 없는 고민이 들었다. 하지만 지금은 비로소 알게 되었다. 내가 문제가 있는 곳에 나 스스로 들어갔기 때문에 나는 불행했던 것이다. 이것이 무의식이 되었든 잘못된 성공의 관념이었든 결국 내가 선택해서 낭떠러지로 향하는 길로 걸어갔던 것이다.

나는 당신이 더 이상 남의 도구가 되어 인생을 살지 않았으면 한다. 이제 도구로서의 인생을 박차고 나가길 빈다. 이 책을 시작으로 당신과 나는 성공의 길로 들어선다. 당신도 할 수 있다는 믿음을 가지기 바란다. 부족하지만 내가 성공하고 느꼈던 부분이 도움이 되길 바라는 바이다. 인생에서 조금이나마 도움이 되었길 간절히 기도한다.

나는 당신이 스트레스 없이 살았으면 좋겠다.